초등생을 위한

성경적
성교육

KB193126

초등생을 위한 성경적 성교육

지은이 | 이진아
초판 발행 | 2024. 5. 22.
등록번호 | 제 1988-000080호
등록된 곳 | 서울특별시 용산구 서빙고로65길 38
발행처 | 사단법인 두란노서원
영업부 | 2078-3352   FAX | 080-749-3705
출판부 | 2078-3331

책 값은 뒤표지에 있습니다.
ISBN 978-89-531-4850-5   03230

독자의 의견을 기다립니다.
tpress@duranno.com   http://www.duranno.com

두란노서원은 바울 사도가 3차 전도여행 때 에베소에서 성령 받은 제자들을 따로 세워 하나님의 말씀으로 양육하
던 장소입니다. 사도행전 19장 8-20절의 정신에 따라 첫째 목회자를 돕는 사역과 평신도를 훈련시키는 사역, 둘째
세계선교(TIM)와 문서선교(단행본·잡지) 사역, 셋째 예수문화 및 경배와 찬양 사역, 그리고 가정·상담 사역 등을
감당하고 있습니다. 1980년 12월 22일에 창립된 두란노서원은 주님 오실 때까지 이 사역들을 계속할 것입니다.

초등생을 위한
성경적
성교육

이진아 지음

PURITY

두란노

Contents

1 /

추천사   6
프롤로그   12

가정에서
가르쳐야 할
성경적 세계관

추천도서   271
주   271

01 성교육이 세계관 교육이라고?   18
02 디지털 네이티브, 그들은 누구인가   28
03 성 상품화의 세상에서 살아가는 자녀들   33
04 성경적 성교육을 해야 하는 이유   45
05 나이에 맞는 성교육   52
06 왜 순결해야 하는가   66

2/

초등생을 위한
성경적 성교육
5주 과정(3-6학년)

성경적 성교육의 이해		76
프로그램		80
제1과	남자와 여자를 만드신 하나님	82
제2과	나를 경이롭게 만드신 하나님	100
제3과	현숙한 여자와 믿음의 남자로 훈련시키시는 하나님	116
제4과	하나님이 기뻐하시는 데이트	140
제5과	순결 서약식	156
부록 #1	학부모 인터뷰 질문지	159
부록 #2	학생 인터뷰 질문지	161
부록 #3	학부모 오리엔테이션	162
부록 #4	순결 서약식 - 학생 서약서	165
부록 #5	순결 서약식 - 부모 서약서	166
부록 #6	성교육 수료증	167

3/

Purity
Teacher Guide

Biblical Sex Education
for Children in Grades 3-6
A 5-Week Guide

Prologue	170
Introduction	174
Understanding Biblical Sex Education	176
PROGRAM	180
Lesson 1: God Created Male and Female in His Image	182
Lesson 2: We Are Wonderfully Made	199
Lesson 3: Becoming Godly Men and Women	214
Lesson 4: Dating to Please God and Find True Love	240
Lesson 5: Purity Ceremony	260
Appendix #1 Parent Interview Questionnaire	262
Appendix #2 Student Interview Questionnaires	264
Appendix #3 Parent Orientation	265
Appendix #4 Purity Ceremony - Student Vow	268
Appendix #5 Purity Ceremony - Parental Vow	269
Appendix #6 Purity Ceremony - Certificate of PURITY	270

추천사

저자는 십 대의 성적 순결을 위해 헌신한 사역자이다. 그는 이 책에서 하나님이 만드신 성의 아름다움, 그리고 적절한 때와 경계를 넘어선 잘못된 성관계의 위험을 알려 준다. 이 책은 순결의 필요성과 유익, 거룩의 아름다움과 즐거움, 그리고 거룩이 제공하는 안전과 복된 미래를 제시한다. 이 책은 단순히 저자의 머리에서 나온 이론서가 아니다. 저자가 수많은 청소년에게 성경적 성교육과 순결 교육을 실시해 온 과정에서 태어난 탁월한 작품이다. 이 책은 가정과 교회학교에서 부모와 십 대 자녀가 함께 공부하도록 준비된 교재이다. 이 땅의 모든 십 대들의 밝은 미래를 위해 사용되는 보석 같은 교재로 자리잡기를 바란다.

- 강준민 목사(새생명비전교회 담임목사)

오늘날 '십 대 자녀 성교육'은 그리스도인 부모에게 초미의 관심사입니다. 우리 아이들은 갈수록 강력해지는 비성경적 문화에 노출되어 있기 때문입니다. 부정할 수 없는 현실입니다. 미디어가 아이들에게 심어 주는 잘못된 성 가치관은 매우 강력합니다. 이미 젊은이들 사이에 혼전 순결은 비웃음거리가 되었습니다. 동성애는 인권으로 포장되고 있습니다. 아이들을 향한 첨예한 영적 전쟁이 현실로 다가왔습니다. 교회는 더이상 성교육을 뒤로 미뤄둘 수 없습니다.
그래서 지난 2년간 수영로교회는 '십 대를 위한 성경적 성교육'을 'PURITY 가족캠프'로 진행했습니다. 수많은 가정이 변화되었습니다. 기능적 성교육이 아닌, 가족과 함께 정체성을 회복하는 시간이었기 때문입니다. 강의와 함께 진행되는 활동과 체험은 보고 듣고 느끼는, 살아 있는 교육이었습니다. 특별히 가족이 함께 초음파 사진을 보고 대화하는 시간에는 막혔던 관계의 통로가 열렸습니다. 부모도 자녀도 신선한 충격과 도전을 받았습니다.
'모든 교회에 필요하다!' 2년간 사역을 진행하면서 얻은 결론입니다. 변화는 일어납니다. 우리 자녀들은 순결한 세대로 성장할 수 있습니다. 이제 반격의 시간입니다. 이 책을 통해 성경적 가치관을 자녀들의 마음에 심을 수 있습니다. 이 책을 통해 교회마다 거룩한 세대가 세워지길 기대합니다.

- 김기억 목사(수영로교회 가정사역 총괄)

많은 부모와 교회들이 성교육의 중요성을 알면서도 섣불리 시도하지 못하고 있다. 더욱이 성경적인 성교육에 대해서는 더욱 막막해한다. 이런 고민이 있는 분들에게 이 책을 추천한다. 아이들과 함께 책을 읽다 보면 그리스도인으로서 성에 대해 어떤 생각과 자세를 가져야 할지 명확하게 알게 될 것이다. 사역과 자녀 양육을 통해 다져진 저자의 노하우와 성경 말씀을 바탕으로 잘 구성된 이 책이 우리 아이들을 세상 앞에 믿음으로 당당히 세우는 디딤돌이 되기를 바란다.

_김병삼 목사(만나교회 담임목사)

우리가 살고 있는 남가주에서는 공립학교에서 의무적으로 '포괄적 성교육' (comprehensive sexual education)을 실시한다. 그로 인해 다음 세대의 성 정체성이 혼란을 겪고 있으며 더 나아가 십 대 자녀를 둔 많은 가정이 고통을 당하고 있다. 때마침 출간된 이진아 전도사의 책은 북아메리카 디아스포라 한인교회들뿐 아니라, 미국의 교육제도에 직간접으로 영향을 받고 있는 한국의 성교육에도 큰 도움을 줄 것이라 확신한다.

미국에서 일고 있는 성 정체성의 혼란은 단순히 문화 전쟁을 넘어 교회를 흔드는 치열한 영적 전쟁이다. 이 책은 그런 영적 전쟁에서 승리하는 방법을 가르쳐 준다. 단순한 이론에 그치지 않고 가정과 교회에서 실행할 수 있는 교육과정까지 제시하고 있어 더욱 활용도가 높다. 이 책이 우리 자녀들을 지키고 나아가 주의 몸 된 교회를 거룩과 성결로 지키는 일에 귀하게 쓰일 것이라 믿는다. 강단 뒤에서 말씀으로 자녀들을 가르칠 뿐만 아니라, 친히 몸으로 전쟁터에 뛰어들어 현장에서 땀 흘리는 이진아 전도사를 기도로 응원한다. 또한 이 일에 같은 마음으로 헌신하는 모든 사역자에게 이 책이 용의주도한 무기로 사용되기를 소망한다.

- 김한요 목사(얼바인 베델교회 담임목사)

이 시대는 세상적인 성 지식으로 충만하다. 사탄은 성을 무기로 삼아 크리스천 청년과 청소년을 무너뜨리고 있기에 어릴 적부터 성경적인 성을 가르쳐야 한다. 이 책은 이 땅의 십 대들에게 재미있고도 유익하게 다가가는 성교육 교재이다. 따라서 교회학교나 가정에서 자녀와 함께 공부할 수 있는 장점이 있다. 십 대가 성경적인 성교육을 통해 자기를 지키고, 건강한 데이트를 하며, 믿음 위에 든든히 성장해 가기를 바란다.

- 박수웅 장로(가정사역자 /《우리 사랑할까요?》 저자)

성경적 성교육은 우리가 하나님의 형상으로 지음받은 존귀한 존재이며, 우리 몸의 주인은 하나님이시라는 것을 가르쳐 줍니다. 그리고 성교육이 지루하고 따분하며 어색하고 부끄러운 것이 아닌, 하나님 안에서 무엇이 옳고 그른지를 재미있는 활동들을 통해 가르쳐 줍니다. 무엇보다도 가장 큰 장점은 하나님이 우리에게 주신 말씀으로 가정과 함께 교육하다 보니 가정이 회복된다는 것입니다. 부모님과 성에 대해 이야기하는 것을 어색해하던 친구들은 이제 부모님에게 궁금한 것을 물어 보고 조언을 얻습니다.

아이들은 한 주 한 주 교육의 시간을 거치며 변화했고, 저와 선생님들은 아이들의 급격한 변화에 너무나도 놀라 의아하기도 했습니다. 앞으로 말씀 안에서 귀한 프로그램들을 통해 변화될 아이들의 모습이 기대됩니다.

- 이요한 목사(아름빛교회 소년부 담당)

다음 세대에게 가장 필요한 건 말씀대로 사는 법을 가르치는 것입니다. 특히 성경적 성교육의 중요성은 아무리 강조해도 지나치지 않습니다. 세상이 온통 왜곡된 성 개념에 사로잡혀 있습니다. 교회와 가정에서 성경적 성교육을 가르치지 않으면, 다음 세대는 세상의 메시지가 진리인 줄 알게 됩니다. 말씀이 기준이 되어야 이 세상을 올바르게 볼 수 있습니다. 이 책은 하나님이 각각 다른 성을 주신 목적을 알려 주고, 성경에서 성에 대한 답을 찾도록 이끌어 줍니다. 하나님은 자녀들이 거룩하며 순결하게 살기를 원하십니다. 다음 세대가 이 세상 풍조를 좇지 않고 하나님의 말씀을 따르며, 건강하고 밝은 미래를 열어 가기를 간절히 기도합니다.

- 이찬수 목사(분당우리교회 담임)

기독교적 성교육이 조롱의 대상이 되고 있는 요즘이다. 이진아 전도사는 지난 10년이 넘는 시간 동안 어린이 제자훈련뿐 아니라 성경적 관점의 성교육에 헌신해 온 전문가이다. 이 책을 통해서 우리 아이들이 하나님이 만드신 올바른 성을 접하고, 나아가 하나님의 계보를 잇는 가정을 만들게 되기를 기대하고 기도한다.

- 차인표, 신애라(배우)

성은 하나님이 만드신 가장 아름다운 창조 작품입니다. 그러나 죄가 세상에 들어왔을 때 부부임에도 서로의 부끄러운 부분을 제일 먼저 가림으로써 성은 자연스럽게 죄스럽고 수치스러운 것으로 인식되었습니다. 하지만 하나님은 죄를 범한 아담과 하와를 갈라놓지 않으셨고, 그들이 건강한 성생활을 통해 생육하고 번성하게 하셨습니다. 하나님이 성생활을 보호하셨다는 뜻입니다. 하나님이 부부의 성을 얼마나 귀하게 여기시는지를 알 수 있는 부분입니다. 그런데도 아직도 교회 안에서 제대로 된 성교육을 하는 것을 부끄럽게 여기는 경향이 있습니다. 저자는 오랜 세월 동안 교회 안에서 다음 세대와 부모에게 성경적 성교육을 가르쳐 온 전문가입니다. 저자의 강의는 매우 탁월합니다. 감사하게도 그 강의가 책으로 세상에 나왔으니 너무 반가운 소식입니다. 부디 이 책이 많은 사람에게 전해져 읽히기를 소원합니다. 가장 중요한 교육이지만 아무나 섣불리 할 수 없었던 이 강의를 사명으로 감당해 온 저자의 수고에 박수를 보냅니다.

- 최병락 목사(강남중앙침례교회 담임)

초등학교부터 대학 시절을 지나면서, 그리고 어른이 되어 교수로 살아가는 지금까지 체계적이고 깊이 있는 성교육을 한 번도 받은 적이 없었습니다. 성경적 세계관에 입각해서 성교육을 받은 적이 없는 것은 물론입니다. 이것이 제 연배,

아니 모든 대한민국 국민의 현실입니다. 제가 이진아 대표의 성경적 성교육 캠프에 세 차례 참여하면서 느낀 것은, 성교육 캠프는 참여자를 살리고 나아가 가정, 교회, 국가 공동체의 생명을 살린다는 것입니다. 이 캠프는 학생, 학부모, 교사(주일학교), 강사가 4위 일체가 되어 적극 소통하면서 진행합니다. 성경적 성교육을 하면서 참여자들이 성과 순결의 중요성을 통해 생명의 소중함, 나아가 가정의 소중함을 체험하게 되었습니다. 한 예를 들자면, 캠프에 참여한 어느 가정은 처음에는 구성원 모두가 찬바람이 쌩쌩 부는 모래알 같았습니다. 그런데 캠프를 진행하면서 그 부모와 자녀가 대화를 통해 첫 사랑과 생명의 소중함을 배웠고, 이를 통해 가정이 회복되는 놀라운 모습을 보여 주었습니다.

- 황홍섭 교수(부산교육대학교 교수, 전국대학교수선교연합회[KUPM] 선교위원장)

'성경적 성교육' 프로그램을 수료한 분들의 추천사

• 학생 •

God had plans for me even when I was a single cell and even though I don't know what it is yet I have the Holy Spirit and it will guide me. From now on I will live in purity and take care of my body because Christ lives in me.

내가 단 하나의 세포였을 때에도 하나님은 나를 위한 계획을 가지고 계셨습니다. 그것이 무엇인지 완벽하게는 모르지만 내 안에는 성령님이 계시며, 그분이 나를 인도하실 거라는 사실만은 확실합니다. 예수님이 내 안에 계시다는 확신이 있기에 앞으로 나는 내 몸과 마음의 순결을 지키며 살겠습니다.

- 빈센트 김(Vincent Kim, 6학년)

I think that was really helpful because we learned that changes to are bodies aren't just changes but also blessings. I also learned that pro-life is right and you shouldn't abort your own child that God has blessed you with. All of us also learned how to become a Godly man and woman. I can apply all of this to my life by cherishing my body and remembering what our mothers did and went through to have us. Also, we should remember that God loves us and he is always watching over us.

이 프로그램을 통해 나는 신체의 변화가 단순한 변화가 아니라 하나님이 주신 축복이라는 사실을 배웠습니다. 나는 Pro-Life(낙태 반대운동)를 통해 하나님께서

9

축복으로 주신 자녀를 낙태해서는 안 된다는 것을 알게 되었고 하나님의 현숙한 여인, 믿음의 남자로 성장하는 과정을 배웠습니다. 나는 내 몸을 소중히 여기며 엄마가 지금의 내가 있도록 수고하신 것을 기억합니다. 이 교육을 통해 알게 된 모든 것을 나의 삶에 적용할 것입니다. 하나님은 우리를 너무 사랑하시고 우리를 지켜보고 계신다는 것을 기억할 것입니다.

- 케이티 최(Katie Choi, 5학년)

One of the most astonishing things that I've learned is certainly the fact that people often confuse themselves and are mistaken to make a wrong choice about life, such as abortion, without understanding that every life has a spirit and it is God's right. Truthfully, I realize that this program was very useful in teaching teenagers like myself about some of the touchy subjects such as love, marriage, and sex. More importantly, I learned about so many subjects that I never knew which I will come across through my teenage life and how God's words speak for me.

제가 배운 가장 놀라운 것들 중 하나는 많은 사람들이 실수로 생긴 태아에 대하여 잘못된 판단, 즉 낙태를 쉽게 결정한다는 사실이었습니다. 낙태는 사람의 권리가 아닙니다. 사람의 생명은 하나님께서 주관하십니다. 태아는 생명과 함께 영혼도 있습니다. 십 대인 제가 사랑, 결혼, 섹스 등 아주 어려운 주제를 잘 이해할 수 있었던 유용한 시간들이었습니다. 이런 주제보다 훨씬 더 중요한 가르침들, 하나님이 나에게 주시는 말씀과 앞으로 내가 뚫고 가야 할 문제들에 대해 배우는 귀한 시간이었습니다.

- 팀 변(Tim Byun, 5학년)

• 학부모 •

저의 사랑하는 막내딸이 성교육 프로그램을 수료한 후 달라진 모습(태도)이 있다면 하나님이 주신 생명의 소중함과 그 가치를 배웠다는 것과 부모님께 감사할 줄 알고 사랑에 대한 표현이 잦아졌다는 것입니다. 이 교육은 정말 부모와 자녀가 함께 기도하게 해주는 소중한 예배가 아니었나 생각합니다.

- 문성범

이번에는 작은아이가, 2년 전에는 큰아이가 이 프로그램을 수료하였는데 이제 큰아이는 7학년이 되었습니다. 얼마 전 큰아이가 Sit-out(잘못된 성교육에 항의하는 표시로 학교 등교를 거부하는 운동)을 한 이유를 친구들과 SNS 메시지를 통해 이야기를 나누면서 하나님의 말씀이 절대적 진리이고 순종해야 함을 고민하지 않고 답하는 걸 보았습니다. 성경적인 성교육은 우리 아이들에게 건강한 성 정체성과 신앙을 갖고 이 세상에서 살아갈 수 있도록 전신갑주를 입히는 필수적인 프로그램임을 확신하게 되었습니다.

- 이명선

성장해 가는 자녀에게 어떻게 성교육을 하면 좋을까 고민하던 중 베델교회 어린이 성교육 프로그램을 만나게 되었습니다. 이 프로그램은 하나님께서 말씀하시는 성에 대한 개념을 아이들에게 명쾌하고 탁월하게 심어 주었고, 크리스천으로서 혼탁해져 가는 성문화에 어떻게 대처하며, 순결함을 지킬 수 있는지 아는 데 큰 힘이 되었습니다. 우리 가정에게는 최고의 선물이었습니다!

- 이은우

이 책은 십 대들의 호기심을 성경적 관점에서 다루면서도 아이들 눈높이에 맞춰 결코 진부하지 않은 내용으로 꾸민 점이 돋보인다. 각 과마다 누구나 부담 없이 접근할 수 있는 내용들을 소개함으로써 '아! 이렇게 가르칠 수도 있구나!' 하는 신선한 재미와 감동까지 선사한다.
수년간 검증된 노하우로 만들어진 교재이니만큼 한국교회와 이민교회 그리고 전 세계 열악한 선교지에서도 건강한 다음 세대를 세우기 위한 귀한 자료로 활용되기를 바라는 마음 간절하다. 이 책을 통해 "땅에 있는 성도들은 존귀한 자들이니 나의 모든 즐거움이 그들에게 있도다"(시 16:3)라는 말씀처럼 수많은 다음 세대가 존귀한 자이자 거룩한 백성으로 거듭나 하나님 나라가 더욱 확장되기를 바란다.

- 케빈 마(Kevin Ma, 교사)

다음 세대의 마음에
성경적 가치관이 새겨지기를

현대 사회로 들어오면서 빠른 교통수단과 정보 통신 기술의 발전으로 일상생활은 편리해졌지만, 정치, 문화, 교육 등 많은 분야가 더 음란해지고 세속화되었습니다. 사탄은 사람들이 영적인 생각을 하지 않고 돈, 섹스, 명예, 성공을 정신없이 좇도록 유혹하는 데 대성공했습니다. 사탄은 이 일을 위해 외설적인 내용의 대중음악, 음란물, 동성애, 마약, 난잡한 성교육 등을 사용하여 왜곡된 성 개념을 다음 세대의 마음에 주입시키고 있습니다.

제가 다음 세대 사역을 한 지 21년째입니다. 그동안 하나님을 경험하고 헌신하다가 영적으로 바닥을 치고 교회를 떠나는 수많은 다음 세대를 보았습니다. 한때는 그렇게 열심히 하나님께 헌신하고 하나님만으로 만족하며 살던 아이들이 사춘기가 되면서 하나님을 멀리합니다. 90퍼센트 이상이 성 문제 때문이었습니다. 이성 친구와의 선을 넘은 관계, 음란물로 인한 죄책감, 혹은 동성과의 성관계 등으로 수많은 아이가 눈물을 흘리고 있습니다.

종교개혁을 이룬 마르틴 루터는 하나님이 성을 주신 유일한 이유는 아기를 갖기 위함이라고 생각했기에, 성관계는 출산의 목적을 위해서 부부간에서만 이루어져야 한다고 했습니다. 그렇다 보니 20세기 초반에는 '성은 더러운 것'이라는 잘못된 생각이 교회에 들어왔고, 현대사회로 오기까지 교회에서는 성에 관련된 이야기는 하지 않는 것이 옳다는 생각이 주를 이루게 되었습니다. 그래서 대부분의 교회들이 성 문제만큼은 침묵을 지키고 있습니다. 크리스천 가정에서도 성에 관한 이야기는 대체로 함구합니다. 어떤 부모는 자녀가 이에 관해 물어볼까 두려워하기도 합니다. 사탄은 이러한 무지함을 타고 다음 세대를 공격하고 있습니다. 교회에서도 가정에서도 성 문제를 다루지 않는 상황이다 보니, 사탄은 너무 쉽게 다음 세대를 무너뜨릴 수 있는 도구를 손에 쥐고 말았습니다.

그런 의미에서 성교육은 누가 먼저 자녀들의 마음을 사로잡느냐가 관건입니다. 이제 부모가 선택해야 합니다. 부모가 먼저 자녀에게 성교육을 시키지 않으면 자녀들은 언젠가 세상의 다른 통로를 통해 성을 알게 됩니다. 자녀 안에 건강한 성경적 성교육이 먼저 자리 잡는다면 세상이 주는 잘못된 성 가치관을 밀어낼 수 있습니다.

저는 오래 전부터 '어떻게 하면 부모와 교회가 함께 다음 세대에게 성경적 성교육을 알려 줄 수 있을까?'를 고민했고, 성경적 성 가치관과 성교육을 가르치고자 많은 책과 자료를 통해 공부하고 연구했습니다. 2012년부터 다음 세대를 대상으로 성교육을 시작했고, 2016년 얼바인 베델교회에서 본격적으로 성경적 성교육으로 다음 세대들을 훈련했습니다.

성경적 성교육은 왜곡된 성의 개념을 바로 잡고, 자녀들의 정체성을 회복시키며, 나아가 그들이 미래에 건강한 가정을 꾸리도록 돕습니다. 성경적 성교육은 새로운 가르침이 아니라 기본으로 돌아가자는 운동입니다. 하나님이 성을 창조하셨기에 성에 관한 질문은 항상 성경으로 돌아가야 답을 얻을 수 있습니다. 우리는 기억해야 합니다. 순결을 지켜야 하는 이유가 단순히 임신이나 성병의 문제 때문만이 아닙니다. 하나님이 만들어 놓으신 경계(바운더리)를 넘어서 즐기는 성의 쾌락은 잠깐의 즐거움을 위해 서로를 이용하는 것이며, 결국에는 서로를 파괴하는 결말을 맞이하게 됨을 알아야 합니다.

하나님은 남자와 여자를 창조하셨을 때 결혼이라는 테두리 안에서 둘만이 누릴 수 있는 성의 즐거움도 함께 창조하셨습니다. 하나님은 우리가 일시적인 쾌락이 아니라 결혼 제도 안에서 평생 만족과 기쁨을 얻는 멋진 성을 경험하기를 원하셨습니다. 한 남자와 한 여자가 온전하게 순결을 지켰을 때만 최고의 만족을 누릴 수 있습니다.

하나님은 자녀들에게 거룩하며 순결하라고 명령하십니다. 구원받은 하나님의 자녀답게 살기를 원하십니다. 하나님의 자녀가 거룩을 잃어버릴 때 영적 권위가 없어지는 것을 사탄은 너무 잘 압니다. 반대로 순결한 삶으로 거룩을 추구하며 사는 하나님의 자녀는 사탄이 두려워할 수밖에 없습니다. 이제는 자녀들에게 바른 성경적 가정관을 심어 주기 위해 부모와 교회가 협력하여 가르쳐야 합니다.

이 책은 하나님이 남녀에게 각각 다른 성을 주신 목적을 뚜렷이 알게 합니다. 그리고 하나님이 만드신 결혼 제도 속에서 자녀를 낳아 하나님의 가르침을 자손 대대로 가르치며 양육하는 것이 하나님의 명령이며 축복임을 가르칩니다. 이 책을 통해 믿음 위에 든든히 서는 건강하고 행복한 가정, 교회, 더 나아가 사회가 되기를 기도합니다. 이 책은 전문가뿐만 아니라 가정이나 교회, 어느 단체든지 쉽고 재미있게 다음 세대에게 성경적 성교육을 가르칠 수 있도록 만들었습니다.

2019년에 《십 대를 위한 성경적 성교육》을 출간한 뒤 많은 것들이 빠른 속도로 변화되었습니다. 다음 세대에게 좀더 다가가는 성교육을 하기 위해 초등학교 고학년용과 중고생용으로 나누어 출간하게 되었습니다. 다음 세대가 성경적 가치관을 마음에 새기고 순결한 믿음의 여성과 남성으로 훈련되기를 기도합니다. 또한 다음 세대가 거룩한 기준을 가지고 말씀 중심으로 선과 악을 구별하며, 하나님을 경외하며 살기를 기도합니다.

2024년 5월

이진아 전도사

가정에서
가르쳐야 할
성경적 세계관

1

성교육이
세계관 교육이라고?

성경적 세계관과 세속적 세계관

먼저 큰 그림부터 보려고 합니다. 과연 이 세상은 지금 어떻게 돌아가고 있는지, 이 세상의 문화가 우리 자녀들에게 어떤 영향을 미치고 있는지, 또 시기별로 어떻게 성교육을 해야 하는지, 성교육에서 해야 할 것과 하지 말아야 할 것은 무엇인지에 대해 나누려고 합니다. 성교육은 세계관 교육입니다. 성경적 가치관을 심어 주어야 세상 가치관에 끌려다니지 않게 됩니다.

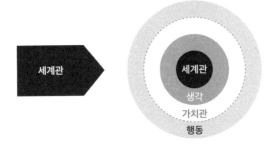

현대사회에서 발생하는 대부분의 문제는 세속적인 세계관에서 기인합니다. 세속적인 세계관인가, 아니면 성경적인 세계관인가에 따라 생각과 행동이 굉장히 달라집니다. 세속적인 세계관에는 '아이 엠 갓(I Am God) 이데올로기', '도덕주의', '다원주의'가 있습니다.

'아이 엠 갓 이데올로기'는 '내가 신이다'라고 생각하는 사상입니다. 성교육에서 이 개념이 중요한 이유는, 성은 내가 정하는 것이 아니라 주어지는 것이기 때문입니다. 아들이냐 딸이냐 하는 성은 하나님이 아기를 부모에게 보내셨을 때 정해지지 않습니까? 그런데 독일, 오스트레일리아, 캐나다 등의 나라에서는 아이가 태어났을 때 여자, 남자가 아닌 제3의 성을 선택할 수 있습니다.

이처럼 우리 마음에는 '내 몸의 주인은 나지 왜 하나님인가, 왜 내게 이것이 주어졌는가' 하는 죄성이 자리 잡고 있습니다. 그런 죄성 때문에 하나님이 정해 주시는 것을 거부하고 내 몸의 주인은 나이기 때문에 내가 성을 선택하겠다고 주장합니다. 그러한 죄성에서 나온 것이 '아이 엠 갓 이데올로기'입니다.

'도덕주의'는 사회적으로는 인본주의를 앞세워 인권(Human right)을 보장해야 한다는 명목으로 기독교를 비판하고 역차별합니다. 이 도덕주의자들은 인권이라는 프레임으로 남자와 여자를 구별하는 자체가 차별이라 하면서 이것을 법제화하였고, 이제는 대부분의 나라에서 차별금지법을 허용하고 있습니다.

또한 17세기에 등장하여 20세기 후반부터 급속히 퍼져나간 '다원주의'는 모든 것을 불확실하게 그리고 모호하게 합니다. 불확실한 것을 겸손 또는 진리라 합니다. 모든 종교는 옳으며, 하나의 종교만 맞다고 주장하는 것은 잘못되었다고 합니다.

이처럼 아이 엠 갓(I am God) 이데올로기, 도덕주의, 다원주의는 다음 세대들의 생각과 가치관에 영향을 주고 있습니다.

모든 아이는 어떤 형태로든 세계관을 가지게 됩니다. 자녀들의 세계관은 일차적으로 부모를 통해서 형성됩니다. 그 외에 교회, 학교, 텔레비전, 영화, 음악, 책, 학문, 인터넷 등 미디어를 통해서도 형성됩니다. 따라서 자녀가 어렸을 때부터 성경적 세계관을 심어 주는 것이 매우 중요합니다.

성경적 세계관은 세상을 하나님의 말씀으로 보는 관점입니다. 이 세계관은 어떤 문제가 자신에게 닥쳤을 때 말씀이라는 렌즈를 통해서 '아, 이 문제는 이렇게 풀면 되겠구나' 하는 분별력을 갖게 합니다. 문제 해결의 가장 기초적인 근거가 말씀이 될 수 있도록 해줍니다. 그래서 자녀가 어렸을 때부터 성경적 세계관을 가지도록 부모가 자녀들을 양육하고 훈련하는 것이 무엇보다 중요합니다.

세계관이 중요한 이유는 자녀들이 무엇인가 결정을 내려야 할 때, 예를 들어 낙태(Abortion)나 동성간 결혼(Same-sex marriage), 그리고 유전자 복제(Cloning) 등의 문제에 대해 선택하고 결정해야 할 때 그 근거가 세계관에서 기인하기 때문입니다. 자녀들이 성경적 세계관을 가지면 그것에 대한 생각이 생깁니다. 생각은 가치관을 만들고, 가치관은 행동으로 표현됩니다. 그리고 비슷한 행동을 하는 사람들이 모이면 문화를 형성하게 되는 것입니다.

그래서 어떤 아이가 한 행동의 이유를 따져 보면 그 아이가 가진 세계관 때문이라는 것을 알게 됩니다. 하나님의 말씀으로 이 세상을 보느냐, 아니면 세상에서 가르치는 지식으로 이 세상을 보느냐는 그야말로 천지 차이입니다. 그래서 자녀가 어렸을 때부터 반드시 말씀으로 가르쳐야 합니다.

세속적인 세계관에 영향을 받은 교육 시스템

도덕주의는 미국의 공립학교에서도 볼 수 있습니다. 도덕주의의 영향으로 다음 세대들은 분별력을 잃어버리고 있습니다. 미국 공립학교에서는 관용정책(Zero Tolerance Policy)이 유치원(kinder)부터 대학교까지 실행되고 있습니다. 관용정책이란 학교 안에서 자유, 평등, 존엄성, 관용, 차별금지를 지키지 않으면 처벌받는 정책입니다. 모든 사람의 인권을 보장하고 관용을 베풀어야 한다는 도덕주의를 바탕으로, 학교에서 자녀들을 차별하면 안 된다는 가르침입니다.

당연히 차별하지 않아야 합니다. 인권을 보장하고 관용도 베풀어야 합니다. 그러나 차별과 구별은 다릅니다. 하나님은 남자와 여자를 '구별'하여 만드셨습니다. 하지만 세상은 남자와 여자의 구별은 '차별'하는 것이라고 외치며, 기독교인이 하나님이 남자와 여자를 만드셨다고 이야기하는 것 자체가 불법이라 주장합니다. 이것은 엄연히 역차별입니다.

미국 서부의 공립학교에서는 사회주의적 도덕주의인 비판적 인종 이론(CRT; Critical Race Theory)을 학생들에게 꼭 가르쳐야 하는 법안이 2021년에 통과되었습니다. 비판적 인종 이론은 '약자를 돕고 차별을 막자'라는 취지에서 나온 가르침인데, 내용을 자세히 들여다보면 학교에 숨어 있는 성차별, 계급차별, 인종차별을 찾아내는 교육입니다. 그런데 이 이론은 아이들에게 죄책감을 주거나 본인이 피해 의식을 갖고 살도록 합니다. 내가 피해자의 집단에 속해 있으면 선한 사람, 내가 억압하는 집단에 있으면 악한 사람이 되는 것입니다. 억압하는 집단은 백인, 남성, 이성애자, 기독교인, 중산층, 건강한 사람이며, 피해 집단은 백인 외 다른 인종, 여자, 동성애자, 기독교 외 다른 종교인, 하위층, 장애인입니다. 기독교 외 다른 종교는 피해 집단이며, 기독교는 억압하는 종교라는 것을 공립학교에서 배우고 있는 것입니다(캘리포니아의 Jefferson Elementary School District는 17만 달러의 세금을 투자해서 초등학교에서부터 비판적 인종 이론을 가르치고 있습니다).[1]

도덕주의를 내세워 선한 사람이 되는 것이 아니라 그런 사람처럼 보이도록 하고, 차별 정책을 통해 차별과 분별을 혼동하게 하고 있습니다.

학교 안에서 다원주의는 아주 깊숙이 들어와 있습니다. 모든 종교는 평등해야 한다고 가르치며 "내가 믿는 것만이 진리라고 하는 주장은 아주 편협해. 너도 옳을 수 있고 나도 옳을 수 있어. 모든 종교는 공평해"라고 합니다. 정말 너그러워 보입니다. 진리를 모르면 무엇이 악이고 선인지 분별할 수가 없습니다. 학교에서 다원주의를 배운 자녀들이 교회에서 "예수님이 오직 진리요 생명이요 예수님 외에는 다른 길이 없다"는 말씀을 들을 때마다 교회가 편협하게 느껴지고 혼란스러운 것입니다.

내가 정하는 것이 기준이 되면 무법천지의 혼란한 세상이 됩니다. 자녀들이 변하지 않는 진리인 하나님의 말씀을 기준으로 세상을 보아야 합니다. 그렇기 때문에 말씀이 기준이 되어 선과 악을 구별해야 합니다. 그래야 어떤 상황에서도 흔들리지 않을 수 있습니다. 그래서 성경적 세계관이 중요합니다. 자녀가 어릴 때부터 성경적 세계관을 갖도록 부모가 자녀들을 양육하고 훈련하는 것이 무엇보다 중요합니다.

교회를 공격하는 세속적인 세계관

주일학교에서 가장 저지르기 쉬운 실수는 말씀을 도덕주의로 아이들에게 가르치는 것입니다. 몇 년 전 주일학교 컨퍼런스로 미국의 어느 교회에 갔을 때의 일입니다. 주일학교 교재를 보여 주어서 읽어 내려가는데 너무 놀랐습니다. 모든 성경 공부에 말씀은 써 있었지만, 교사 가이드북에는 도덕주의 가르침으로 가득차 있었습니다.

예를 들면 느헤미야 2장과 6장을 읽고 가르치는 핵심 주제가 "무슨 일을 하든 열심히 최선을 다해야 한다"였습니다. 하나님의 말씀과 언약을 믿음으로 바라보고 성벽 공사를 한 느헤미야의 이야기가 아니었습니다. 다니엘 6장에서는 "무슨 일을 하든 책임을 다해라. 그래야 많은 사람이 너를 신뢰할 것이다"였습니다. 역사를 주관하시는 하나님께 쓰임받은 다니엘이 아닌 시대의 영웅으로만 가르치는 것이야말로 도덕주의의 결과라 할 수 있습니다. 도덕주의에 휩쓸리는 게 아니라 복음의 열매로 실천하는 행동을 가르치는 교회학교가 되어야 합니다.

이러한 도덕주의의 가르침은 성경을 단지 재미있는 이야기들과 좋은 가르침을 제공하는 도덕책으로 믿게 할 수 있습니다. 또한 겉으로만 선해 보이는 행동을 함으로써 나를 괜찮은 사람으로 포장하는, 이른바 바리새인 자녀들로 양육할 수 있습니다. 예수님이 가장 싫어하시고 엄하게 꾸짖으셨던 것 중 하나가 바리새인의 가짜 믿음이었습니다. 겉으로는 교회에 다니며 신앙생활을 하는 것 같지만 속은 썩어 냄새나는, 회칠한 무덤 같은 잘못된 믿음을 예수님은 아주 싫어하셨습니다. 신앙과 도덕은 다르다는 것을 가르쳐야 하는 교회가 오히려 말씀에 도덕을 교묘하게 끼워 넣어서 복음이 흐려지고 도덕이 강조되는 성경 공부를 하고 있는 것은 문제입니다. 복음 대신 도덕을 중심으로 가르치는 성경 공부는 잘못된 것입니다.

부모의 노력과 교회 교육의 협력이 필요한 때

지금 우리 자녀들은 매우 위험한 상황에 처해 있습니다. 미국의 상황이긴 합니다만, 미국 질병통제예방센터(CDC)에 의하면, 15-24세의 청소년들이 2018년에 미국에서 발생한 2,600만 건의 새로운 성병 감염의 거의 절반을 차지한다고 합니다.[2] 2019년 미국의 연령별 신규 HIV(인간면역결핍바이러스) 감염 추정치에 의하면, 13-24세 청소년 중 7,200명이 HIV에 새롭게 감염되었습니다.[3] 새로운 성병 감염의 63퍼센트는 25세 미만 청소년이며, 매해 300만 명의 청소년이 새로운 성병에 감염되고 있다고 합니다.[4] 이 밖에도 2020년 기준 미국 12-17세 청소년의 8.33퍼센트인 208만 명이 한 달 동안 약물을 사용했다고 보고했으며, 15-24세 미국인 4,777명이 1년 동안 불법 약물 과다 복용으로 사망했습니다. 불법 약물사용장애(IDUD)는 12-17세 청소년이 78만 8,000명이고, 고등학교 3학년 학생들은 담배를 피우는 것보다 평생 마리화나를 사용할 가능성이 82.1퍼센트 더 높습니다.[5] 한국의 상황은 어떠합니까? 2018년 청소년 6만40명을 대상으로 조사한 '제14차 청소년 건강행태조사'의 통계에 따르면 성관계 경험이 있다고 응답한 사람은 전체의 5.7퍼센트였으며, 성관계 시작 평균 연령은 만 13.6세로 조사됐습니다. 성 경험이 있는 중고생의 9.7퍼센트가 성병에 걸린 것으로 확인되었습니다. 성관계까지는 아니더라도 위험 수위의 데이트를 하는 청소년들이 늘고 있습니다.

반면, 교회에 와서 진리인 하나님의 말씀을 듣는 시간은 너무나도 부족합니다. 기껏해야 주일 하루이고, 더 온다고 해봤자 수요일이나 금요일이 전부입니다. 제 생각에 교회가 우리 아이들에게 영향력을 미칠 수 있는 범위는 20퍼센트에 불과합니다. 그 말은 80퍼센트는 부모의 몫이라는 뜻입니다.

그런 의미에서 우리 자녀들이 하나님의 말씀 안에서 건강하고 올바른 정체성을 가지려면 부모의 노력이 절대적으로 필요합니다. 80퍼센트의 부모의 노력과 20퍼센트의 교회 교육이 협력해서 아이들을 이끌어 나가야 앞으로 우리 자녀들이 하나님의 말씀에 의거한 건강한 가정을 꾸릴 수 있습니다.

사탄교는 어떻게 아이들을 타락으로 이끄는가

미국에서 사탄교가 정식으로 설립된 것은 공립학교에서 기도와 성경적인 교육이 빠지고 난 3년 뒤인 1966년경입니다. 안톤 샨도르 르베이(Anton Szandor LaVey)라는 사람이 캘리포니아에 사탄교회

(Church of Satan)를 설립하면서 사탄교가 시작되었습니다.

사탄교의 핵심 신앙과 철학은 개인주의, 쾌락주의, 세속주의, 자기중심주의 그리고 자신을 신격화·우상화하는 것입니다. 좀 지난 이야기지만, 십 대들의 영웅이었던 가수 레이디 가가가 콘서트 때 "나하고 함께 지옥에 갈 사람?" 하고 외치자 수많은 관중이 자기들도 같이 가겠다고 "예스" 하고 외쳤던 것이 좋은 예입니다.

기독교에 십계명이 있는 것처럼 사탄교에도 아홉 가지의 신앙고백이 있습니다. 그 중에 몇 가지만 보겠습니다.

첫째, 절제가 아닌 탐닉을 추구한다. 눈에 보이는 것으로 생존하고 보이지 않는 영적 세계에 관심을 두지 말라. 둘째, 사탄은 자격 있는 사람에게는 친절해도 불필요한 사람에게는 사랑을 낭비하지 않는다. 셋째, 한쪽 뺨을 맞으면 다른 쪽을 내주는 게 아니라 확실하게 복수해 준다. 넷째, 사람은 단지 동물 중 하나일 뿐임을 가르친다. 사람은 동물보다 잘난 것이 없으며 동물만도 못할 때가 많다. 다섯째, 사탄은 교회의 가장 친한 친구가 된다.

위의 네 번째 내용은 우리 자녀들이 현재 학교에서 배우고 있는 것 중 하나입니다. 학교에서 가르치는 성교육의 기본 바탕이 '우리 인간은 동물이다'입니다. '동물이기 때문에 네가 원하는 대로 해. 네가 원하는 대로 하는 게 너를 위한 일이고, 그것이 바로 동물의 본성이야.' 그들의 주장이 이런 결론에서 시작하는 것을 보면 어떤 논리에 근거했는지 알 수 있습니다.

사탄교는 세상에서 말하는 모든 죄악을 대표합니다. 죄의 달콤함으로 모든 육체적, 정신적, 심리적, 감정적 충족을 통해 죄악들을 즐기게 합니다. 그리고 사탄교는 교회와 성도들을 하나님의 사람이 아닌 종교인이 되도록 도와주고 있습니다.

사탄교회는 캘리포니아, 뉴욕을 비롯해 여러 곳에 있습니다. 사탄교는 미국 전체에 퍼져 있으며 '애프터스쿨 사탄 클럽'(After School Satan Club)이라는 방과 후 프로그램으로 현재(2024년) 열다섯 개 주의 초등학교부터 고등학교까지 공립학교에 들어가 있습니다. 예를 들면 워싱턴D.C.의 Bradbury Heights Elementary School, 펜실베이니아의 Saucon Valley Middle School, 캘리포니아의 Chase Street Elementary School 등 여러 주의 학교에서 '애프터스쿨 사탄 클럽'을 도입해 사탄교를 가르치고 있습니다.[6] 캘리포니아의 LA통합교육구(LAUSD)는 2016년에 이미 47개의 초등학교에 '애프터스쿨 사탄 클럽'이 들어갈 것이라고 뉴스에 보도한 바 있습니다.[7] 특히 그들은 '굿뉴스 클럽'(Good News Club)이라는, 복음을 전하는 공립학교 방과 후 프로그램이 있는 학교를 겨냥합니다. '애프터스쿨 사탄 클럽'을 통해 어릴 때부터 자녀들이 사탄이라는 존재와 친숙해지도록 세뇌하는 것입니다.

이처럼 사탄은 다음 세대 아이들을 겨냥하여 우는 사자와 같이 달려들고 있습니다. 부모는 이러한 사실을 인지하고 자녀들이 어릴 때부터 분별력을 가지고 살아가도록 가르쳐야 합니다.

02

디지털 네이티브,
그들은 누구인가

자녀에 대해 공부하자

부모가 지금까지 살아온 세상과 우리 자녀들이 현재 살고 있는 세상은 완전히 다릅니다. 그렇기 때문에 자녀들이 현재 살고 있는 세상과 앞으로 살아가야 할 세상을 공부해야 합니다.

특히 자녀들에 대해 공부해야 합니다. 세대 구분에 따르면, 1980년대 이후 태어난 밀레니얼(Millennial) 세대와 1997-2012년 사이에 태어난 Z세대(Generation Z)를 디지털 네이티브(Digital Native)라고 합니다(출처:Wikipedia). Z세대로 불리는 이들은 유아기 때부터 디지털 기기에 둘러싸여 성장한 세대를 말합니다. 그들 중 92퍼센트가 매일 인터넷을 사용하고, 80퍼센트가 문자 메시지를 주고받으며(texting), 75퍼센트가 소셜 네트워크 서비스(SNS: 인스타그램, 페이스북, 카카오 스토리, 트위터, 밴드 등)를 즐깁니다. 그들은 휴대폰 사용이 거의 생활화되어 있어서 손에 휴대폰이 없으면 굉장히 불안해하는 특징을 보입니다.

그리고 Z세대에 이어 이제는 알파세대(Generation Alpha)가 뒤따라오고 있습니다. 알파세대는 2010-2024년 사이에 태어난 세대이고, 베타 세대(Generation Beta)는 2025-2039년 사이에 태어날 미래의 세대입니다. 우리가 자녀들을 이해하기 위해서는 이들에 대해서 공부할 필요가 있습니다. 부모와는 다른 세대의 자녀들을 이해해야 가장 효과적인 방법으로 접근할 수 있습니다.

요즘 부모가 두세 살 된 자녀에게 휴대폰을 주는 모습을 자주 봅니다. 이것은 자녀들에게 매우 좋지 않은 영향을 줍니다. 제가 아는 분이 신실한 독일인 기독교인과 결혼했습니다. 하루는 그들 부부가 세 살, 여섯 살짜리 두 아이와 함께 저희 집에 놀러왔습니다. 희한하게도 그들은 식사 자리에서 아이들에게 휴대폰, 아니 장난감조차 주지 않았습니다. 그리고 아이들에게 어른들이 얘기하는 걸 옆에서 가만히 듣게 했습니다. 저는 요즘 세상에 그런 모습을 거의 본 적이 없어서 어떻게 그렇게 할 수 있냐고 물어보았습니다. 독일 가정에서는 요즘에도 아이들이 어렸을 때부터 얌전히 있도록 가르치고 식사할 때 산만하게 행동하는 것을 막기 위해 아예 처음부터 장난감을 안 준다고 합니다. 그리고 평소에도 집안에 있기보다 농장이나 정원 등 집 밖에 나가서 놀도록 한답니다. 그래서인지 두 아이가 너무 안정적이었습니다. 여섯 살짜리 아이는 아주 성숙해 보였습니다. 미국에 사는 우리 아이들과는 차원이 다르다고 느꼈습니다.

자녀들에게 휴대폰이나 아이패드를 주는 이유는 잠깐이라도 부모가 편하기 위해서라고 생각합니다. 이것은 잘못된 것입니다. 부모가 생각을 바꾸고 행동으로 실천해야 합니다.

디지털 네이티브의 특징

그렇다면 디지털 네이티브는 어떤 특징을 가지고 있을까요?

첫째, SNS를 통해 사생활을 완전히 노출시킵니다. 내가 어느 학교에 다니는지, 내 생일은 언제인지, 내가 자주 가는 카페, 가족의 이름, 어디에 살고 있는지 등 아주 개인적인 정보를 SNS에 올립니다. 2010년만 해도 이러한 일들은 상상도 하지 못 했습니다. 개인 정보를 불특정 다수가 볼 수 있는 웹 상에 올리는 것이 얼마나 위험한지 모두가 인지하고 있었기 때문입니다. 하지만 디지털 네이티브는 개인 정보를 매일 업로드하고 있습니다. 아무 생각 없이 올린 나의 개인정보를 악한 사람이 이용했을 때 어떠한 위험한 상황이 나에게 닥칠 수 있는지를 잘 보여 준 미국 영화가 있습니다. 2018년에 개봉한 영화 〈Searching(서치)〉입니다. 크리스천 영화는 아니지만 자녀와 부모가 함께 영화를 보고 느낀 점을 나누는 시간을 가진다면 아주 유익할 것입니다.

둘째, 지식과 정보를 모두 공유합니다. 모든 것이 온라인으로 연결되어 있기 때문에 가능한 일입니다. 일반적으로 '한 세대'라고 하면 똑같은 역사적 사실을 경험한 무리를 말합니다. 그래서 기성세대는 같은 나라, 같은 민족의 범위로 세대를 나누는 것이 익숙합니다. 그런데 디지털 네이티브 세대는 세계적인 범위로 묶입니다. 왜냐하면 그들은 어릴 적부터 모바일이나 다른 통신기기를 통해 인터넷으로 수많은 정보를 공유하고 비슷한 생각을 하기 때문입니다. 따라서 그들은 세계 어디에 있어도 같은 세대로 묶일 수 있습니다.

또한 이들은 점점 더 외우거나 머리를 쓰는 능력이 저하되는 것 같습니다. 나중에 이 아이들에게 수학이 필요할까요? 그들은 '인공지능이 다 해줄 텐데 수학이 왜 필요한가?' '도대체 지금 수학을 배우는 목적이 무엇인가?'라는 딜레마에 놓여 있습니다. 이처럼 그들은 머리로 생각하는 능력의 발달 속도가 매우 느려지고 있습니다. 사회적으로 아주 심각한 문제라고 생각합니다.

셋째, 사회 부적응(Socially awkward) 증상을 보입니다. 네다섯 명의 아이들이 모이면 서로 얘기를 안 하고 모두 스마트폰을 들고 문자메시지로 대화를 주고받습니다. 이런 모습을 보고 아이들에게 옆에 친구가 있는데 왜 직접 말로 하지 않느냐고 물어보면 이렇게 문자하는 것이 편하다고 답합니다. 디지털 네이티브들은 지나친 스마트폰 사용으로 가상현실에만 익숙해져 있고, 그 결과 우울증과 정신 건강의 문제, 그리고 인내심 부족 현상 등이 나타나고 있습니다. 초등학생 자녀의 우울증 문제로 얼마나 많은 학부모가 저에게 상담하러 오는지 모릅니다. 밖에 나가서 건강하게 뛰어노는 아이들에게는 그런 증상이 없는데, 집안에서 계속 컴퓨터만 하는 아이들에게는 우울증이 많이 나타납니다. 우울증과 참지 못하는 성향 등은 서로 연관성이 있습니다.

저는 선교 가기 전에는 모든 학생에게 스마트폰을 집에 두고 오라고 합니다. 한번은 학생들과 멕시코로 선교를 갔는데 어떤 아이들은 자기 스마트폰 소리가 들린다며 불안해서 어쩔 줄을 몰라 했습니다. 그러다가 3일 정도가 지난 후부터 불안 중상이 없어지면서 친구들과 눈을 맞추고 이야기하며 너무 행복해했습니다.

넷째, 비현실적인 미적 기준을 가지고 있는 탓에 자존감(self-esteem)이 매우 낮습니다. 한번은 어느 여자아이가 저한테 와서 자기가 너무 살이 쪄서 저녁을 굶어야 한다고 말했습니다. 그때 저는 깜짝 놀랐습니다. 그 아이는 이미 너무 마른 상태였기 때문입니다. 아이들이 가지고 있는 날씬한 몸매의 기준은 어렸을 때 가지고 놀던 바비인형입니다. 요즘 TV에 나오는 모델이나 연예인들 역시 다 인형처럼 마르고 예쁩니다. 그러니 비교의식으로 아이들의 자존감이 자꾸 내려갈 수밖에 없는 것입니다.

다섯째, 건강에 문제가 생깁니다. 아이들이 자기 전 밤늦게까지 휴대폰을 보기 때문에 수면 장애를 겪습니다. 잠들기 직전까지 휴대폰을 보는 아이와 잠자리에 들기 전에 아예 치워 버리는 아이의 수면을 비교하면 질적으로 큰 차이를 보입니다. 후자의 경우 자는 동안 뇌가 잘 성장합니다. 부모가 휴대폰 사용 규칙을 만들어서 아이들에게 정한 대로 실천하도록 하면 아이들의 수면장애 문제가 훨씬 좋아질 것입니다.

또 디지털 네이티브들은 한 가지에 집중하는 걸 매우 어려워합니다. 스트레스도 많이 받고 화도 잘 냅니다. 또 쉽게 체중이 증가해서 비만이 되기도 합니다.

이와 같이 디지털 네이티브에게 있는 다섯 가지 특징을 잘 파악하면 그들을 이해하는 데 많은 도움이 될 것입니다.

03

성 상품화의 세상에서
살아가는 자녀들

성에 대해 잘못된 메시지를 심어 주는 것들

자녀들은 성 상품화의 세계에서 살고 있습니다. '인간사냥'(Man Hunt)이라는 폭력성이 매우 강한 비디오게임이 있습니다. 이 게임은 영국에서는 이미 판매금지 조치가 내려진 것으로, 만약 이런 류의 게임이 발견되면 반드시 폐기해야 합니다. 이런 자극적이고 폭력적이며 성적으로 억압하고 유린하는 게임들이 자녀들의 영혼을 망가뜨리고 있습니다.

그리고 여성 속옷 제조업체인 빅토리아 시크릿에서 판매하는 줄팬티가 있습니다. 이것은 아직 어린 8-12세 여자아이들을 타깃으로 하는 제품인데 엄청나게 잘 팔린다고 합니다.

자녀들은 아주 어린 시절부터 다양한 대중매체를 통해 미에 대한 기준이 얼마나 예쁘고, 마르고, 섹시한지에 따라 결정된다고 배웁니다. 대중매체는 우리 자녀들의 성 정체성과 성적 태도 및 성적 가치관, 그리고 관계의 수용성과 타인과 사랑하고 교제하는 방식 등의 사고 체계를 형성하는 데 큰 영향을 미칩니다. 자녀들이 어렸을 때부터 미디어를 통해 이런 영향을 받느냐, 안 받느냐는 부모가 자녀들에게 어떤 것을 보도록 허락하느냐에 달려 있다고 생각합니다.

사실 자녀들은 아주 어렸을 때부터 성에 대해 굉장히 호기심이 많습니다. 그것이 잘못은 아닙니다. 많은 자녀가 어렸을 때부터 부모에게 "아기는 어디서 나와요?" 하고 물어봅니다. 그러면 어떤 부모는 대충 얼버무려 "배꼽에서 나와"라고 대답해 줍니다. 그런데 자녀들이 나중에 그것이 사실이 아니라는 것을 알게 되면 '우리 부모님은 나한테 이런 얘기를 하고 싶지 않았구나' 하고 대화의 문을 닫아 버리게 됩니다. 부모에게는 아예 그런 얘기를 꺼내지 않게 되는 것입니다. 자녀가 그러한 질문을 했을 때는 "하나님이 아기가 나올 수 있는 특별한 길을 만들어 주셨어. 네가 숙녀가 됐을 때 더 자세히 얘기해 줄게" 하고 대화의 여지를 남겨두는 것도 좋은 방법입니다.

자녀들이 성적 호기심을 갖는 것은 정상입니다. 그러나 지금 자녀들이 배우고 있는 것, 즉 그들의 호기심을 필요 이상으로 자극하고 좋지 않은 미디어의 영향력에 노출되어 있는 상황에서는 자녀들이 잘못된 메시지를 습득하게 된다는 문제가 있습니다.

2003년 〈뉴스위크〉의 기사에 따르면, 미국에서 십 대 매춘부의 비율이 급격히 증가하고 있는데 심지어 9세 때부터 그 일을 시작한 경우도 있다고 합니다. 또한 소녀 세 명 중 한 명, 소년 일곱 명 중 한 명 꼴로 어린 시절 어떤 시점에 성적 학대(Sexually abuse)를 당한 경험이 있을 거라는 통계가 있습니다.

또한 80퍼센트 이상의 십 대 TV쇼에는 성적인 내용이 들어 있고, 어린이들은 각종 매체를 통해서 선정적이고 성적인 행위를 접할 수 있습니다. 한국의 미디어도 선정적인 내용을 용인하고 방관하는 경우가 아주 많습니다. 이러한 메시지들이 여과 없이 십 대에게 전달되어 그들이 왜곡된 성 의식을 갖게 하는 데 일조합니다.

〈워싱턴 포스트〉기사에 따르면 2007년 메릴랜드에서 166명의 초등학생이 성추행 또는 성희롱 등의 성적 괴롭힘으로 정학을 당했습니다. 그런데 그중에는 세 명의 미취학아동, 열여섯 명의 유치원생 그리고 스물두 명의 초등학교 1학년생이 포함되어 있었다고 합니다. 한국에서도 교사의 성추행, 학생끼리의 성폭력 문제로 큰 몸살을 앓고 있습니다. 아이들이 어렸을 때부터 얼마나 성이 상품화된 세상에서 살고 있으면 학교에서 상식에서 벗어난 행동을 하게 되는지 안타까울 뿐입니다.

사람보다 동물을 더 중요하게 생각하는 사회

지금 우리 사회는 어떤 방향으로 가고 있을까요? 이 사회는 결코 기독교적 세상이 아닙니다. 오히려 반기독교적 세상입니다. 말하자면 도덕과 정신이 심각하게 타락한 상태입니다.

미국은 사람보다 동물을 더 중요하게 생각하는 사회가 되었습니다. 1973년에 만들어진 멸종위기종 보호법에 의해 부화하지 않은 대머리수리를 죽이면 25만 달러(약 3억 원)의 벌금과 함께 2년 동안 감옥에 가게 됩니다. 또한 부화하지 않은 바다거북을 죽이면 10만 달러(1억3천만 원)의 벌금과 함께 1년 동안 감옥에 가게 됩니다.[8] 하지만 배 속의 아기를 죽이는 것은 벌금은커녕 더 장려하는 사회가 되었습니다.

2019년 뉴욕 한복판에서 촬영한 인터뷰 영상이 화제가 되었습니다. 한 인터뷰어가 "뉴욕에서 새로운 법안이 통과되었는데 9개월 된 강아지를 죽이는 것이 합법화되었다"면서 시민들의 의견을 물어 보았습니다. 그러자 하나같이 이러한 악법은 어떻게 해서든 막아야 한다며 분노했습니다. 하지만 질문을 바꿔 "배 속에 있는 9개월 된 한 생명을 죽이는 낙태는 어떻게 생각하냐"고 물어 보았습니다. 그러자 강아지를 죽이는 것에는 엄청난 분노를 표하던 사람들이 그것은 여성의 권리라며 낙태를 지지했습니다.[9] 2019년에 뉴욕에서는 아기가 태어났을 때 죽이는 것도 낙태로 포함한다는 법을 통과시켰습니다.[10] 그러나 2022년 미국연방대법원이 '로 대 웨이드'(Roe v. Wade) 판결을 뒤집으면서 현재는 낙태에 대한 법안이 각 주마다 투명하지 않은 상황입니다.

이제 이 세상은 하나님의 형상에 따라 창조된 사람과 동물이 다르다는 것을 강하게 부인합니다. 하나님의 말씀이라는 측면에서 사람을 보지 않을 뿐만 아니라 하나님의 형상을 가진 인간이라는 점을 완전히 무시하고 오히려 사람보다 동물의 권리를 더 중시하는 세상에 살고 있습니다. 그것을 뒷받침해 주는 것이 있는데 바로 동물보호단체인 '동물을 인도적으로 사랑하는 사람들'(PETA)의 활동과 주장입니다. 단체의 창립자인 잉그리드 뉴커크(Ingrid Newkirk)는 이렇게 얘기했습니다.

"인간만이 특별한 권리를 가지고 있다고 말하는 합리적인 근거는 없다. 중추신경계가 있고 고통, 배고픔, 갈증을 느낄 수 있으면 쥐나 돼지나 개나 남자아이는 똑같다."

이런 생각이 심각한 사회문제가 되고 있다는 것을 뒷받침해 주는 최근의 현상이 있습니다. 고등학교마다 여학생들의 임신 비율이 점점 올라가고 있다는 점입니다. 한국에서도 몇몇의 학생들이 이런 문제로 고민하고 있습니다. 이 문제는 결코 미국이나 유럽 아이들의 이야기만이 아닙니다.

미국에서는 십 대 아이들이 임신을 하면 먼저 교내 상담사를 찾아갑니다. 그러면 상담사가 '플랜드 패런트후드'(Planned Parenthood)라는 단체를 먼저 소개해 줍니다. 이 단체는 얼핏 들으면 부모가 아이들을 도와준다는 생각이 들게끔 하는 이름을 가지고 있습니다. 그러나 그 사이트에 들어가면 배너에 이런 문장이 적혀 있습니다. "낙태는 임신을 끝내기 위한 안전하고 합법적인 방법이다"(Abortion is a safe and legal way to end a pregnancy).

현재 캘리포니아 공립학교에서는 부모의 허락 없이도 아이들이 학교를 통해 이러한 서비스를 받고 있습니다. 부모가 알지 못하는 일이 자녀에게 일어나고 있습니다. 캘리포니아 법에 의해 "미성년자는 부모의 동의와 법원의 허락 없이 낙태할 수 있습니다. 의료 서비스 제공자(Planned Parenthood)는 미성년자의 동의 없이 부모 또는 법적 보호자에게 알릴 수 없습니다. 제공자는 미성년자가 서명한 동의서를 통해서만 미성년자의 의료 기록을 공유할 수 있습니다"라고 명시되어 있습니다.

학교마다 임신한 아이들을 이 기관에 연결해 주는 것은 아주 흔한 일이 되어 있습니다. 세금으로 운영되고 있는 650개의 플랜드 패런트후드 클리닉이 각주에 퍼져 있습니다.

이 시대는 낙태 비율이 계속 증가하는 추세에 있습니다. 2011년에는 미국의 임신한 여성 열 명 중에 네 명이 낙태를 했습니다. 숫자로는 106만 명입니다. 2014년에는 92만6,240명으로 조금 줄긴 했지만, 이 중에 10.4퍼센트가 15-19세이고, 0.3퍼센트가 15세 미만입니다. 어마어마한 숫자입니다. 이 제도의 문제는 부모가 자기 자녀가 임신했다는 사실도, 낙태했다는 사실도 모른 채 지나갈 수 있다는 점입니다. 부모 모르게 모든 과정을 진행할 수 있도록 시스템이 너무 잘되어 있습니다.

따라서 부모가 자녀들과 정말 많은 대화를 나눠야 합니다. 우리 자녀에게 지금 무슨 일이 일어나고 있는지 알고 있어야 합니다. 자녀들이 낙태로 인해 어떤 영향을 받을지는 언급하지 않아도 충분히 알고 있으리라 생각합니다.

가정이 없어져야 한다는 주장들

지금까지 사회가 어떻게 붕괴되고 있는지 살펴봤다면, 이번에는 가정의 붕괴에 대해 알아보려고 합니다. 먼저 대표적인 사례로 다음과 같은 인물들의 주장을 살펴볼 필요가 있습니다.

페미니즘 저술가이자 활동가로《성의 정치학》(The Sexual Politics)을 쓴 케이트 밀렛(Kate Millett)은 "모든 가부장적 구조와 함께 가정은 없어져야 한다. 왜냐하면 가부장적 구조는 여성을 억압하고 노예화하는 도구에 지나지 않기 때문이다"라고 주장했습니다.

사탄은 가정이 없어지고 붕괴되면 그 다음에 교회가 자연적으로 없어진다는 것을 알고 있습니다. 사탄은 가정이 가장 기본적인 교회이기 때문에 가정을 먼저 파괴합니다. 따라서 가정을 먼저 무너뜨리는 데 굉장한 노력을 기울이고 있습니다.

다음은 우리가 잘 아는 힐러리 클린턴(Hillary Rodham Clinton)의 주장입니다. 그녀는 자신의 책《온 마을이 나서야 한다》(*It Takes a Village*)에서 "부모가 정부의 감독을 받지 않고 그들의 아이를 훈련시키는 것이 허용되어서는 안 된다"라고 주장합니다. 그 책을 얼핏 보면 좋은 얘기들로 가득한 것 같지만, 실제로는 미국 사회의 자녀 양육을 정부 후원으로 이끌어 가려는 의도를 설명하기 위해 쓴 책입니다. 클린턴 여사가 꿈꾸는 마을이란 사람과 아이들이 학교에서부터 세속적인 인본주의로 세뇌되는 사회입니다. 한국에서도 자녀들이 학교와 학원을 다니느라 가족과 함께 보내는 시간이 많이 없어지고 있는데, 이는 참 위험한 신호입니다.

반세기 동안에 이뤄진 다음과 같은 현상에서도 가정 해체의 예를 찾아볼 수 있습니다. 먼저 이혼은 이제 어떤 이유로든 쉽게 성립될 수 있습니다. 그리고 혼인신고를 하지 않은 동거 커플을 '제도권 바깥의 가족'이라 칭하며 복지 혜택을 보장해야 한다는 요구가 생겼습니다.

또 자녀를 둔 결혼한 여성들이 가정 밖에서 활동하는 것을 굉장히 장려합니다. 요즘은 맞벌이로 부부가 일하지 않으면 생활이 어려운 사회가 되어 버렸습니다. 사실 자녀들에게는 엄마가 집에 있는 것이 더 좋습니다. 왜냐하면 자녀들의 정서적 안정에 가장 큰 영향을 미치기 때문입니다.

그리고 오락과 미디어가 가정생활을 주도하고 있습니다. 자녀들이 포르노에 노출되는 비율이 가장 높은 시간대가 오후

3-6시입니다. 말하자면 부모가 귀가하기 전 시간대입니다. 점점 포르노 산업이 증가하고 있습니다. 그들은 지금 어마어마한 수입을 올리고 있습니다. 미션 프론티어(Mission Frontiers)에 의하면, 약 4,200백만 개의 포르노 웹사이트가 있습니다. 포르노 사이트 중의 하나인 폰허브(Pornhub)의 2023년 매출 중 순이익(Net worth)은 5.6조 원입니다. 참고로 올리브영의 2022년 영업이익은 0.27조 원, 태국의 2022년 수출 금액은 0.28조 원입니다. 이렇게 단 한 개의 포르노 사이트의 매출이 한 나라 수출액의 20배 정도 된다는 것은 그만큼 많은 사람이 포르노를 찾고 있다는 증거입니다. 이 때문에 인신매매는 전세계에서 가장 빨리 성장하는 범죄 사업의 하나입니다.

부모들은 "정부에서 포르노 회사들 좀 망하게 하지 왜 그런 회사가 운영되는 것을 막지 않느냐?"고 의아해합니다. 그러나 그렇게 할 수 없습니다. 언론, 신문, 종교의 자유를 보장하는 헌법으로 인해 포르노는 보호를 받습니다. 학교에서 아이들에게 여러 종류의 성관계는 부도덕하다고 가르치는 것은 법을 어기는 행위로 금지하고 있는 실정입니다. 이 때문에 자녀들은 더 많은 유혹에 노출되어 있습니다. 자녀들을 올바르게 키우는 것이 참으로 힘든 세상이 되었습니다.

사람은 하나님의 형상으로 지어진 특별한 존재

부모가 먼저 하나님의 말씀에는 기본적으로 사람과 동물이 다르다고 명시되어 있다는 것을 아이들에게 가르쳐 주어야 합니다. 우리가 성교육을 할 때 제일 먼저 가르치는 내용이 '우리는 동

물이 아니다'입니다. 왜냐하면 세상적인 성교육이 '우리는 동물이
다'라는 논리에서 출발하기 때문에 우리는 그것에 맞서서 '우리는
동물이 아니다'를 가르쳐야 합니다.

부모가 자녀들을 가르칠 때 사람과 동물이 창조될 때부터 다
른 존재라는 것을 다음 여섯 가지를 통해 일러 주면 좋겠습니다.

첫째, 우리는 하나님의 형상(The image of God)을 가지고 있습니
다. 우리가 하나님의 형상을 가지고 있다는 말은 우리가 하나님이
라는 말이 아니라, 닮은꼴이라는 의미입니다. 일례로 우리는 하나
님의 지적인 능력을 닮았습니다. 곧 기계를 발명하고, 멋진 빌딩을
세우고, 음악을 만드는 것은 하나님의 지적인 능력을 보여 주는
것입니다. 또한 우리는 하나님의 거룩의 형상을 닮았습니다. 처음
에 아담과 하와는 의롭고 결백한 상태로 지어졌는데, 이것은 하나
님의 거룩함을 나타냅니다. 그 후 죄로 인해 하나님의 형상이 많
이 손상되었지만, 우리에게 있는 양심이나 도덕적 기준은 하나님
의 거룩함을 가졌던 흔적이 아직 남아 있는 것입니다.

둘째, 우리는 하나님의 숨결(The breath of God)을 통해 만들어진
존재입니다. 하나님이 흙으로 사람을 빚으신 후 그 코에 생기를
불어넣어 주심으로 우리가 생명을 얻었습니다. 그래서 우리에게
는 동물에게는 없는 영혼(spirit)이 있습니다. 동물은 죽으면 끝이지
만 사람은 죽으면 영혼이 지옥이나 천국으로 갑니다.

셋째, 그렇기 때문에 우리는 기도를 통해 하나님과 대화할
(Communication with God) 수 있습니다. 동물은 하나님께 기도할 수 없
습니다. 하지만 우리는 영적인 존재이기 때문에 하나님과 기도를
통해 대화와 소통을 할 수 있습니다.

넷째, 우리는 자유의지(Free will)와 창의적 사고(Creative thought)를 가지고 있습니다. 우리는 자유의지로 하나님을 사랑하거나 하나님을 미워할 수 있습니다. 하나님은 우리를 로봇처럼 만들지 않으셨기 때문에 우리의 자유의지로 하나님을 온 맘 다해 사랑할 수 있는 것입니다. 또한 자유의지로 옳은 것과 잘못된 것을 선택할 수 있습니다. 그리고 창의적 사고를 발휘해 음악, 그림, 춤 등 예술을 창조할 수 있습니다.

다섯째, 우리는 '하나님의 목적'(God's Purpose)을 위해 창조되었습니다(골 1:16). 그래서 내가 원하는 대로 아무렇게나 살아선 안 됩니다. 하나님이 우리에게 주신 목적에 맞게 살아야 합니다. 하나님이 우리를 이 세상에 보내시며 소명을 주셨습니다. 그러나 동물은 본능대로 살다 죽습니다. 만약 나의 욕구만을 위해서 산다면 동물과 다름없습니다. 사람들이 배불리 먹고, 돈 많이 벌고, 좋은 차, 좋은 학교, 좋은 집을 위해서만 이 세상을 산다면 그처럼 불쌍한 인생이 없습니다. 사람은 욕구가 채워졌다고 행복해질 수 없습니다. 그래서 하나님이 주신 삶의 목적을 찾아야 합니다. 하나님이 이 세상에 우리를 보내신 목적을 찾고 사명을 가지고 살 때 행복한 삶을 살 수 있습니다.

마지막으로, 우리는 죽으면 썩을 몸으로 묻히지만, 썩지 않은(Eternal Beings) 몸으로 다시 살아납니다(고전 15:42 참조). 동물은 죽으면 영혼이 없기 때문에 그것으로 끝납니다. 그래서 천국을 가느냐 안 가느냐를 논할 수가 없습니다. 하지만 우리는 죽으면 몸은 비록 썩을지라도, 부활하신 예수님을 모델 삼아 다시 삽니다. 예수님이 우리의 몸도 예수님과 같이 부활할 거라고 말씀하셨습니다. 우리 몸이 다 없어지더라도 예수님이 오시는 그날, 우리는 다시 살아나게 됩니다.

사람도 동물이라는 주장의 대표적인 사례가 있습니다. 2005년에 런던에서 인간 동물원(human zoo)을 만든 것입니다. '사람도 동물인데 왜 동물원에 사람은 없고 동물만 있는가?'라는 주장에 따라 인간 동물원을 만들어서는 그 의견에 동의한 몇몇 사람들이 그곳에 들어가서 살았습니다. 그런데 오래 있지 못하고 3일 만에 밖으로 나왔습니다. 인간 동물원이 만들어지자 사람들이 몰려와서 구경하고 사진 찍는 모습이 화제가 되기도 했습니다.

또 하나는 《신의 지문》(the Fingerprint of God)의 저자인 휴 로스(Dr. Hugh Ross) 박사가 주장하는 점진적 창조론입니다. 그는 천문학자이며 복음주의적 창조론자로 요즘 대학생들에게 큰 인기를 얻고 있는 인물입니다. 그는 말씀에는 구원의 역사가 있다는 복음을 선포하면서도 과학의 진화론과 기독교의 창조론을 혼합하는 잘못을 저질렀습니다. 그는 아담과 하와 전(4-6만 년 전)에 많은 인류가 있었지만 점점 진화하면서 마침내 아담과 하와가 완벽한 사람의 모습이 되어서(1-2만 5천 년 전) 그때 하나님이 아담과 하와에게 영을 불어넣어 주셨다고 가르칩니다.

미국의 많은 대형 교회들이 그의 이론을 따르고 그를 존경합니다. 왜냐하면 진화론 입장에서는 그 사람만큼 그들의 입장을 대변할 존재가 없기 때문입니다. 교회 입장에서도 그를 반기지 않을 이유가 없습니다. 그를 교회에 초청하면 교인들에게 큰 호응을 얻기 때문입니다. 그럴듯하고 세련된 것처럼 보이지만 이런 이론을 접할 때는 정말 조심해야 합니다.

창조의 질서가 무너지면 우리가 하나님의 형상에 따라 창조된 존재가 아니라 동물에서 왔다는 논리가 됩니다. 그러면 하나님의 말씀이 창세기에서부터 어긋나기 때문에 아이들에게 굉장한 혼란을 주어 그들이 힘든 시간을 겪게 될 것입니다.

그런 의미에서 아이들이 이 세상을 살아가면서 어떤 책을 읽느냐, 어떤 사람을 롤모델로 삼느냐가 무엇보다 중요합니다. 부모는 자녀들에게 그것을 잘 짚어 주고 바른 길로 이끌어 주어야 합니다.

특히 부모가 자녀에게 꼭 가르쳐야 할 것은 첫째, 하나님 안에서의 정체성(Identity in God), 즉 너는 하나님의 자녀라는 것, 둘째, 하나님의 형상(Image of God), 즉 너는 하나님의 형상을 닮은 특별한 존재로 창조되었다는 것, 셋째, 하나님이 너를 만드신 목적(God's purpose)이 있다는 것, 즉 하나님께 쓰임 받는 존재, 하나님의 영광을 드러내는 존재로 만들어졌다는 것, 이 세 가지를 꼭 가르쳐 주어야 합니다.

04

성경적 성교육을
해야 하는 이유

왜 성경적 성교육을 해야 하는가

성경적으로 성교육을 해야 하는 이유는, 성을 하나님이 만드셨기 때문입니다. 따라서 자녀들에게 성교육을 시작할 때 첫째, 성에 대해 올바른 태도를 형성시켜 주는 것이 중요합니다. 자녀들에게 성은 하나님의 계획이지 인간의 계획이 아니라는 것을 꼭 얘기해 주어야 합니다.

제가 우리 학생들에게 성교육을 할 때 "섹스(성적인 것)가 좋은 거야, 안 좋은 거야?" 하고 물어보면 학생들은 "안 좋은 거예요"라고 말합니다. 그럼 제가 다시 물어봅니다. "섹스는 누가 만들었을까?" 학생들은 가만히 생각해 보다가 하나님이 만드셨다고 대답합니다. "하나님이 만드셨다면 죄가 들어오기 전에 섹스가 있었을까, 아니면 죄가 들어온 후에 있었을까?" 하고 다시 묻습니다. 그 단계에 이르면 학생들이 대답을 못 합니다. 그러면 그때 성에 대해 올바르게 설명해 줍니다.

성은 인류에게 죄가 들어오기 전부터 있었고, 하나님이 만드시고 "보시기에 좋았더라"라고 말씀하신 것에는 성도 포함되어 있습니다. 그 얘기는 하나님이 성을 만드셨을 때는 아름답고 좋은 것이었는데 죄가 들어오고 나서 이것이 변질되고 상품화되고 나쁘게 변해 버렸다는 의미입니다.

둘째, 성교육을 할 때 자녀들이 성 정체성에 대해 적절히 이해하도록 알려 줄 필요가 있습니다. 남자와 여자의 구별은 하나님이 최초에 만드신 디자인이며, 남녀 신체 구조의 변화는 하나님의 축복임을 가르쳐야 합니다.

셋째, 자녀와 부모 사이에 대화의 통로를 마련해야 합니다. 그래서 우리가 성에 대해 성경적으로 어떻게 생각해야 하는지, 결혼은 무엇인지 등을 자녀와 대화함으로써 그들의 의문이 부모의 교육을 통해 자연스럽게 해소되고 하나님의 피조물로서 건전한 자세를 가지게 하는 계기가 되어야 합니다.

마지막으로, 그리스도 안에서 올바르며 건전한 가정생활을 할 수 있어야 합니다. 기독교인의 삶은 전 영역을 통하여 그리스도 안에서 이루어짐을 알려 주십시오.

자녀들의 마음을 지키라

부모는 자녀들이 미디어와 대중문화를 통해 성적 이미지나 내용에 노출되는 것으로부터 보호해야 합니다. 그리고 자녀들이 어떤 TV 프로그램, 영화, 비디오, 컴퓨터 게임, 패션, 연예인에 관심을 갖는지, 또 어떤 앱을 통해 그런 것들을 보는지 잘 알아야 합니다.

자녀들이 어릴 때부터 성적 발달과 그와 관련된 주제에 대해 부모와 안심하고 대화를 나눌 수 있는 안전한 채널을 마련해 두어야 합니다. 예를 들면 자녀들이 컴퓨터를 하다가 갑자기 성적인 내용이나 잔인한 내용을 묘사한 팝업이 떴을 때 "네가 잘못해서 그런 것이 아니니 바로 부모에게 알리고 적절한 조치를 취할 수 있도록 해야 한다"고 얘기해 줘야 합니다.

자녀들이 유해한 사이트나 앱에 접속하지 못하도록 차단해 주는 프로그램(accountability program)이 있습니다. 예를 들면 자녀들이 검색창에 '섹스'라는 단어를 치면 갑자기 강아지 사진이 뜨는 식의 필터링 시스템입니다. 무료로 다운로드하거나 일정액을 지불하고 사용할 수 있습니다. 그중 몇 가지만 소개하면 미국에서는 'X3watch'(www.x3watch.com)를 많이 사용합니다. 포르노나 성적 내용에 노출되었을 때 바로 차단해 주는 시스템입니다. 만약 자녀들이 음란물에 노출되어 포르노 중독 증상을 보인다면 'X3Pure'라는 프로그램을 추천합니다. 30일간 온라인으로 도움을 받을 수 있습니다.

그리고 최근에는 자녀들이 안전하게 사용할 수 있는 핸드폰으로 'Bark Phone'을 많이 선호합니다. 데이터를 조절할 수 있고, 해로운 웹사이트나 애플리케이션 차단을 부모가 각 가정에 맞게 설정할 수 있는 핸드폰입니다. 또 '퓨어사이트'(www.puresight.com)는 다중장치 온라인 어린이 보호 프로그램으로, 부적절한 콘텐츠로부터 아이들을 보호하는 안전장치입니다. 'The One Spy'라는 애플리케이션은 포르노 차단과 함께 자녀의 전화, 카메라 등을 공유할 수 있도록 원격제어 기능이 있습니다. 그 외에도 Famisafe, Flexispy,

K9 Web Blocker, Norton Family 등 많은 애플리케이션이 있습니다. 한국에서는 '그린 아이넷'(www.greeninet.or.kr)과 '아이눈'(www.aiyac.com) '맘아이'(www.momi.co.kr), '엑스키퍼'(www.xkeeper.com) 등이 있습니다. 사이트를 비교해 보고 각 가정에 맞는 것으로 사용해 보십시오. 이런 자녀 보호 프로그램들은 컴퓨터, 인터넷, 게임, 시간 제한과 메신저, 영상 차단 기능을 제공합니다.

부모는 무엇보다 자녀들에게 마음을 지키는 훈련을 시킬 필요가 있습니다. 말하자면 100퍼센트 완벽한 방어막은 없으니 자녀들이 스스로 올바른 마음, 하나님을 기쁘시게 하는 마음을 지킬 수 있도록 부모가 이끌어 주는 것이 중요합니다.

또한 부모는 정기적으로 이 세상의 대중문화가 어떻게 말씀에 위배되는지, 이러한 문화로부터 마음을 지키려면 어떤 노력을 해야 하는지 대화하십시오.

부모와 자녀가 함께 성경 말씀을 암송하라

과연 부모는 자녀를 어떻게 가르치고 양육해야 할까요? 성공적인 자녀 양육 방법은 무엇일까요? 자녀들이 스스로 하도록 그냥 내버려두면 안 됩니다. 자녀들을 망치는 가장 좋은 방법은 내버려두는 것입니다. 간섭하지 않는 것입니다. 죄의 길로 가게 놔두는 것입니다. 자녀들이 뭘 하는지가 중요한 것이 아니라 부모가 무엇을 해야 하는지가 성공적인 양육을 결정합니다.

마땅히 행할 길을 아이에게 가르치라 그리하면 늙어도 그것을

떠나지 아니하리라 잠 22:6

네 자식을 징계하라 그리하면 그가 너를 평안하게 하겠고 또 네 마음에 기쁨을 주리라 잠 29:17

위의 말씀처럼 부모는 자녀가 어렸을 때부터 가르쳐야 합니다. 또한 자녀들이 잘못된 행동을 하면 마땅히 징계해야 합니다. 즉 그들이 어떤 삶을 살아야 하는지 보여 주고, 알려 주어야 합니다.

부모는 자녀에게 많은 영향을 주는 존재입니다. 어떤 부모는 자녀들이 친구 말을 더 잘 듣는다며 고민합니다. 그런데 자녀들을 친구들에게 영향받게끔 내어주는 사람이 부모입니다. 그렇기 때문에 어떤 친구들, 어떠한 미디어의 영향을 받게 하느냐는 부모에게 달려 있습니다.

언젠가 우리는 하나님 앞에 서게 됩니다. 하나님은 우리에게 절대로 "너 얼마나 많이 헌금했느냐?" 따위를 물어보시지 않습니다. 무엇보다 먼저 "내가 너에게 준 기업, 자녀를 어떻게 키웠느냐?" "얼마나 멋진 하나님의 아들, 하나님의 딸로 양육했느냐?"라고 물어보실 겁니다. 그 결과가 상급이 될지 문책이 될지는 그때 하나님 앞에 서면 알게 될 것입니다.

세상이 어지럽게 돌아가고 있지만, 부모가 지금부터 하나님의 말씀으로 자녀들을 양육하면 성공적으로 키울 수 있으리라 믿습니다.

성경은 부모가 자녀들을 어떻게 가르쳐야 하는지에 대해 이렇게 말씀합니다.

> 오늘 내가 네게 명하는 이 말씀을 너는 마음에 새기고 네 자녀
> 에게 부지런히 가르치며 집에 앉았을 때에든지 길을 갈 때에든
> 지 누워 있을 때에든지 일어날 때에든지 이 말씀을 강론할 것
> 이며 신 6:6-7

　제 아이들은 어렸을 때 차에 타면 항상 집에서 인쇄한 성경 구
절을 암송했습니다. 저는 차에 늘 암송용 성경구절을 꽂아 두었습
니다. 네 살 때부터 매주 암송구절을 바꿔 가며 훈련시켰더니 점점
외우는 속도가 빨라졌습니다. 그리고 아이들이 아침식사 전에 말
씀을 2-5절 정도 외우도록 했습니다. 영적 전쟁터인 학교에 가기
전에 말씀으로 무장을 시킨 것입니다.

　성구 암송으로 하나님 말씀을 기억하는 훈련을 하면 자녀들
의 머리가 좋아집니다. 암기력이 향상되어 공부하기가 훨씬 수월
해집니다. 사사기 2장을 보면 이런 말씀이 나옵니다.

> 백성이 여호수아가 사는 날 동안과 여호수아 뒤에 생존한 장로
> 들 곧 여호와께서 이스라엘을 위하여 행하신 모든 큰 일을 본
> 자들이 사는 날 동안에 여호와를 섬겼더라 삿 2:7

> 그 세대의 사람도 다 그 조상들에게로 돌아갔고 그 후에 일어
> 난 다른 세대는 여호와를 알지 못하며 여호와께서 이스라엘을
> 위하여 행하신 일도 알지 못하였더라 삿 2:10

　여호수아 시대에 하나님이 하신 일들을 모두 보고 겪었던 세

대 사람들이 다 죽었습니다. 부모가 자녀에게 하나님이 행하신 일과 말씀을 가르쳐 주지 않았기 때문에 다음 세대는 여호와를 알지 못하고 행하신 일도 알지 못하게 되었습니다. 그러다 보니 저마다 자기 생각에 맞는 대로 행하는 사태가 벌어졌습니다. "그때에 이스라엘에 왕이 없으므로 사람이 각기 자기의 소견에 옳은 대로 행하였더라"(삿 21:25). 즉 자기 멋대로 생각하고 그것에 따라 행동하는 세대가 되었다는 것입니다. 그렇게 되자 죄악이 팽배해지고 계속 더 악한 세대가 될 수밖에 없었습니다.

바운더리를 정하는 것이 중요하다

바운더리란 경계, 즉 지켜야 하는 선을 말합니다. 바운더리를 정하는 것이 왜 중요할까요? 성, 가치, 관계에 대해 건전한 성경적 관점을 가져야 하기 때문입니다. 제가 이것에 대해 자주 언급하는 것도 그것을 잘 지키는 아이들과 그렇지 않은 아이들이 너무 다르기 때문입니다.

자녀들이 성적인 면에서 순결하도록 가르치는 일은 성경의 원리를 가르치지 않고는 불가능합니다. 바운더리는 좋은 것을 유지하고 나쁜 것을 밖으로 내보낼 수 있는 기능을 하기 때문에 자녀들에게 필수입니다. 바운더리를 정하지 않고서 자녀들이 이 세상에서 순결하게 살 거라고 생각하는 것은 착각입니다. 그렇기 때문에 바운더리를 정하는 것은 아무리 강조해도 지나치지 않습니다.

═══05
나이에 맞는
성교육

3-6세의 성교육

성교육은 3-4세 정도에 시작해서 사춘기 전에 마치는 것이 좋습니다. 나이에 맞게 점진적으로 성에 대한 하나님의 계획을 자녀들에게 가르치기를 권합니다.

3세가 되면 자녀는 무엇이든 스스로 하려는 욕구가 강해지기 때문에 혼자서 옷을 입으려고 합니다. 아이가 속옷을 입을 때 속옷이 가리는 곳은 소중하고 중요하기 때문에 다른 사람에게 보여주면 안 된다고 알려 주어야 합니다. 또한 3세는 내 것과 남의 것을 구별하는 나이이기 때문에 자기 몸이 소중하듯이 남의 몸도 소중하다는 것을 가르치기에 좋습니다. 대소변도 가리는 시기이기에 아이가 대소변을 본 후에 부모는 뒤처리를 도와주면서, 누가 화장실에 가는 것을 도와줄 수 있는지 알려 주고, 아무에게나 도와달라고 해서는 안 된다는 것도 정확히 가르쳐 주어야 합니다.

가정에서 화장실을 쓸 때 형제나 자매가 서로를 보지 않도록 교육하는 것도 중요합니다. 아들과 딸 남매를 둔 부모는 자녀가 5세 이상이 되면 따로 목욕시킬 필요가 있습니다. 저도 예전에는 잘 몰라서 아들이 여섯 살, 딸이 세 살이었을 때 같이 목욕을 시켰습니다. 하루는 둘이 목욕을 하면서 아들이 딸한테 "왜 너는 앉아서 쉬(소변)를 해? 나처럼 서서 해봐. 얼마나 재미있는데" 하고 이야기하는 것을 들었습니다. 여섯 살이 된 아들은 남자와 여자의 몸이 다른 것을 보고 그렇게 말했던 것입니다. 그래서 그때부터 둘을 같이 목욕시키지 않았습니다.

4-6세 사이에는 성 정체성이 형성됩니다. 그래서 이 시기에 엄마, 아빠 놀이를 좋아합니다. 여자아이는 엄마 역할을, 남자아이는 아빠 역할을 하는데, 집에서 본 부모의 모습을 흉내 내며 역할 놀이를 하는 것입니다. 이때가 성경적 성교육을 시작하기 가장 적합한 나이입니다.

이 무렵 아이들은 자기 몸에 대해서 궁금해하고 알고 싶어 합니다. 우리 몸은 하나님이 주신 것으로 생식기관도 하나님이 주신 선물입니다. 특히 각 신체 부위를 하나님이 얼마나 기가 막히게 만드셨는지 알면 감탄하지 않을 수가 없습니다. 사람의 눈만 해도 그 정교함과 정확함이 세상 최고의 카메라라도 따라오지 못할 정도입니다.

자녀들은 남성과 여성으로 구별하여 지음 받은 '성적인 존재'이지만 '성행위를 하는 존재'는 아닙니다. 성적인 존재이기 때문에 자녀들은 어릴 때부터 본능적으로 자기 몸에 대해서 궁금해하고 알고 싶어 합니다. 그러면서 출생에 대한 궁금증이 가장 많이 생기기도 합니다. 이 시기에 자녀들은 아기가 어떻게 태어나는지, 어떻게 세상에 나오는지 부모에게 물어봅니다. "아기는 어떻게 생겨요"라고 질문했을 때 아기가 생기는 과정을 자녀의 나이와 수준에 맞게 이야기해 주어야 합니다. "엄마 아빠가 사랑을 많이 하면 아빠의 아기씨와 엄마의 아기씨가 만나서 아기가 만들어지게 돼. 그래서 너는 아빠의 딸도 되고 엄마의 딸도 되는 거야."

초음파(ultrasound)로 찍었던 자녀의 태아 사진과 태어나자마자 찍은 사진을 보여 주면서 얼마나 자녀를 기다렸는지 말해 주고, 자녀를 처음 봤을 때의 감격을 이야기하는 것이 자연스럽게 성교육을 하는 아주 좋은 방법입니다. 자녀에게 이렇게 말해 보세요.

"하나님은 네가 엄마 배 속에 있을 때부터 너를 벌써 아셨어." "아빠 엄마가 진짜 사랑을 하면 아기가 생기는데 진짜 큰일을 하시는 분은 하나님이셔. 아기는 하나님이 주셔야 생기는 거야. 모든 아기는 아주 귀하단다." "하나님은 아기를 한 사람도 똑같지 않게 특별하게 만드셔. 그리고 가족 중에 누구를 닮도록 만드셔."(더 자세한 내용은 '우리 자녀 성경적 성교육 시리즈'《남자와 여자는 왜 달라요?》를 참고하세요.)

7-9세의 성교육

7-9세는 어떻게 성경적 성교육을 할까요? 우리 몸에는 세포를 비롯해 귀나 코 등 감각기관에 이르기까지 하나님이 주신 신비한 기관들로 가득 차 있습니다. 우리 신체의 각 기관뿐 아니라 우리 몸에서 중요한 기능을 하는 생식기관(Reproductive System)도 하나님이 주신 선물입니다. 생식기관은 생명을 만들어 내는 곳이기 때

문에 무엇보다 소중합니다. 아기는 하나님이 계획하신 특별한 결합을 통해서 태어나며, 여자아이는 나중에 여성이 되고, 남자아이는 남성이 됩니다. 결혼은 사랑의 진정한 증거이며, 결혼을 통해 자녀들이 태어나게 되는 것은 하나님이 주시는 가장 큰 복 중의 하나입니다.

7세 때부터는 성에 대한 관심이 커지고 생식기에 관해 장난할 수 있는 시기이므로 자신의 몸은 소중하다는 것을 교육시킬 필요가 있습니다. 특히 자녀들이 의사놀이를 할 때는 절대로 옷을 벗으면 안 됩니다. 의사가 진찰하는 것, 환자가 주사 맞는 것 등을 흉내 내는 의사놀이는 아이들끼리는 가능하면 안 시키는 게 좋습니다. 왜냐하면 진찰한다고 하면서 옷을 벗게 되고, 자신의 신체 일부를 드러내기 때문입니다.

저에게 상담하러 온 많은 사춘기 아이들과 심지어 어른들도 어렸을 때 의사놀이를 하다가 가족, 친구 혹은 친척에게 성추행을 당한 적이 있었다고 했습니다. 나중에 커서야 그것이 성추행이었음을 깨닫고 괴로웠다고 고백했습니다. 본인이 몰랐던 사실에 대한 죄책감과 수치심으로 자존감이 바닥을 치고 우울증과 심지어 공황장애를 앓는 경우도 있었습니다. 의사놀이를 한다는 빌미로 성추행하던 자들을 끊임없이 미워하고 자신을 저주하며 괴로움에 빠져 살아가고 있었습니다. 그렇기 때문에 자녀들에게 의사놀이에 대해 미리 경고해 주고 교육해야 합니다.

미국 질병관리본부의 아동 성학대 통계(Child Sexual Abuse Statistics)를 보면 어린이 성추행이 가장 많이 일어나는 나이는 7-13세입니다. 한국 역시 심각한 상황입니다. 2016년 여성가족부에서 발표한 아동·청소년 대상 성범죄 동향 분석에 의하면, 아동·청소년 대상 성범죄 중 아동을 대상으로 한 성범죄는 19.9퍼센트이며 청소년은 78.7퍼센트로 나타났습니다. 그리고 가족 및 친척이 아동·청소년을 성폭행한 경우는 18.9퍼센트, 가족 이외 아는 사람이 성폭행을 한 경우는 44.4퍼센트, 전혀 모르는 사람인 경우는 58.2퍼센트였습니다.

성폭력 예방을 위하여 낯선 사람을 어떻게 경계하는지에 관한 교육은 자녀들이 어릴 때부터 가정에서 계속해야 합니다. 속옷이나 수영복으로 가리진 부분은 아주 중요한 곳이며, 공공장소에서 그곳을 만지거나 보여 주거나 다른 사람의 몸도 그곳은 만지면 안 된다고 교육해야 합니다. 아빠, 엄마 혹은 의사 외에 누가 나의 몸을 만지거나 보려고 하면 "안돼"라고 단호하게 이야기하도록 교육을 시키십시오.

한 가지 아이디어를 드리겠습니다. 시각적으로 곰 인형을 보여 주면서 어느 부분은 만져도 되는지 어느 부분은 만지면 안 되는지 이야기해 보세요. 곰 인형의 특정 부분을 만질 때마다 "싫어요" "하지 마세요"라고 소리를 지르도록 연습시키는 것도 좋은 방법입니다. 신체의 어느 부분을 만지면 안 된다는 것을 명확히 알려 주어야 합니다. 그리고 혹시라도 그런 일이 있으면 부모에게 바로 이야기해야 한다고 교육시켜야 합니다. 이때 부모에게 말했을 때 절대로 혼내지 않겠다고 자녀에게 약속해야 합니다. 자녀들이 성추행을 당하고도 부모에게 혼날까 봐 혹은 성추행한 사람의 협박을 듣고 두려운 마음에 이야기하지 않는 사례가 많습니다.

자녀들이 묻지 않기 때문에 자녀가 성에 관해 관심이 없는 것으로 생각하여 성교육을 안 하시는 분들이 많습니다. 그러나 이 시기에 성교육을 해야 하는 이유는 다른 사람이나 미디어가 성에 대한 궁금증을 채우도록 내버려두면 안 되기 때문입니다. 이때부터 미디어에 본격적으로 노출되는 자녀들이 많기 때문에 나쁜 매체와 해로운 것들이 자녀 마음에 들어오는 것을 막기 위해서는 어릴 때부터 올바른 성교육을 해야 합니다. 스마트폰은 될 수 있으면 늦게 주시는 것을 권합니다.

미션 프론티어(Mission Frontiers)에 의하면, 미국에서는 포르노에 처음 노출되는 연령이 11세이며, 14세가 되었을 때 94퍼센트의 아이들이 포르노를 보게 된다는 통계 자료가 있습니다. 한국 또한 만만치 않게 초등학생들의 음란물 접속 연령이 점점 낮아지는 보도가 잇달아 나오고 있습니다. 여성가족부 2020년 통계에 의하면, 초등학생의 성인물 이용이 2018년에는 19.6퍼센트에서 2020년에는 33.8퍼센트로 급증했습니다. 2021년 3월 24일 중앙일보에서는 "'음란물을 봤다'는 초등생, 중학생보다 많았다"라는 제목으로 기사가 나왔습니다. 2021년 3월 24일 뉴스투데이에서는 "초등생 3명 중 1명 야동 시청"이라는 엄청난 내용을 발표했습니다.

7-13세 아이들은 측두엽의 성장이 활발히 일어나기 때문에 이때 포르노에 노출되면 뇌에 아주 좋지 않은 영향을 줍니다. 이 시기에 포르노에 노출되었을 때 가장 큰 문제는 '성은 더러운 것'이라는 인식이 생기며, 자기가 이런 행위를 통해 태어났다는 생각이 들어 자존감이 떨어지고 건강한 가정관이 파괴됩니다.

하나님이 남자와 여자를 구별하여 만드신 섭리를 알아야 합니다. 남자와 여자의 관계에서 누가 더 낮고 못한 관계가 아닌, 서로 존경하고 격려하고 협력하고 배려하는 관계가 되어야 합니다. 남자다움과 여자다움을 없애고자 하는 세상 교육에 대항하여 말씀으로 남자다움과 여자다움의 축복을 가르쳐야 합니다. 자녀들은 하나님의 형상으로 지어진 하나님의 멋진 아들과 딸입니다. 특히 하나님이 성 염색체로 남녀의 성별 교체가 불가능하게 만드셨습니다. 인간의 몸은 약 37조의 어마어마한 수의 세포로 이루어져 있습니다. 우리 몸의 세포 하나하나마다 크로모좀이 있으며 각 크로모좀 안에 성 염색체가 들어 있습니다. 한 세포에 23쌍의 염색체가 있는데 23번째의 성 염색체에 의해 성별이 구별됩니다. 남자라면 XY코드가, 여자라면 XX 코드가 온몸의 세포마다 새겨져 있습니다. 하나님이 각 세포마다 남자 또는 여자 코드를 새겨 두신 것입니다.

요즘 서로 다른 성이 되기 위해 호르몬 주사를 맞는 경우가 있지만, 주사를 맞는다고 해서 성염색체가 바뀌지 않습니다. 호르몬 주사를 맞으면 잠시 근육과 목소리 등이 바뀌지만 주사를 맞지 않으면 다시 원래 모습으로 돌아갈 수밖에 없습니다. 왜냐하면 온몸에 XY 혹은 XX 성염색체가 있기 때문입니다(호르몬 주사의 부작용은 아주 심각합니다). 남자와 여자는 성염색체와 호르몬, 신체 구조만 다른 것이 아니라 뇌 구조도 다르기 때문에 감정의 표현, 언어의 표현과 전달 방식도 다릅니다. 자녀와 함께 남녀의 차이점들을 찾아보며 더 깊이 공부하고 나누면 아주 유익한 성경적 성교육이 될 것입니다. 우리는 하나님이 남자와 여자로 구별하여 만드신 멋진 작품입니다.

성교육을 할 때 되도록이면 자녀들이 많은 질문을 하도록 유도하십시오. 부모가 일방적으로 가르치려고만 하면 자녀들은 성에 관련된 대화를 하지 않으려고 할 것입니다. 가장 좋은 방법은 자녀가 성에 관련해 질문했을 때 성경적 성교육 책을 같이 읽어 보기도 하고, 그에 관한 대화를 자연스럽게 이어가는 것입니다. 그리고 자녀가 대답할 때 경청해야 합니다. 성에 관련된 질문은 좋은 것이라고 칭찬해 주고, 그 질문에 대해 솔직하게 그리고 나이에 맞게 대답해 주어야 합니다.

10-12세의 성교육

인간의 몸은 태어날 때부터 자라기 시작해서 평생 몸의 변화를 느끼며 살아갑니다. 특히 10-12세의 아이들은 신체적, 정신적으로 많은 변화를 겪습니다. 이 시기에 2차 성징이 일어나는데, 신체적으로 많은 변화가 있습니다. 여자들은 보통 10-12세에 사춘기가 시작되어 13-15세에 절정을 이루고, 대개 17-18세 사이에 끝납니다. 남자들은 대개 12-13세 사이에 사춘기가 시작되어 14-16세에 절정을 이루고, 17-19세 사이에 끝납니다. 여자들은 평균 12-12.6세에 초경을 합니다. 여자아이들의 경우에는 월경에 대하여 미리 알려 주는 것이 아주 중요합니다. 난소 안의 어린 난자가 성숙해서 한 달에 한 번 난소를 떠나 자궁으로 이동해서 정자와 결합을 하지 못하면 분해가 되어 깨끗한 피로 나오는 것이 월경입니다.

미국 질병관리본부에 의하면, 미국에서 10세에 월경을 시작한 아이가 10퍼센트, 12세는 53퍼센트, 14세는 90퍼센트라고 합니다. 많은 여자아이가 월경 때 나오는 피가 더럽다고 생각합니다. 그래서 엄마는 태아를 만들기 위한 조직이 피로 나오는 것이기 때문에 내 몸에서 가장 순수하며 깨끗한 피라고 바르게 알려 주어야 합니다. 월경을 할 때 불쾌한 냄새가 나는 이유는 자궁 안에서 일정 시간 동안 고여 있다가 그와 함께 있던 분비물이 같이 섞여서 나오기 때문이기도 하고, 공기 접촉으로 산화되면서 냄새가 나기도 합니다. 그리고 생리대 속에 있던 화학 물질 때문에 냄새가 날 수도 있습니다. 그렇기 때문에 청결을 유지하는 것에 대해 엄마가 딸에게 자세히 가르치면 좋습니다.

생리 주기가 어떻게 되는지에 관한 질문에 대해서는 대부분 '28주기'지만, 사실 초경을 시작한 딸은 두 달에 한 번도 하고 두 번도 하는 식으로 불규칙할 수 있다고 설명해 주십시오. 딸에게 '월경이란 생명을 잉태할 수 있는 몸으로 자라게 된 하나님의 축복'이라 이야기해 주고, 향이 좋고 올가닉 소재로 만들어진 청소년용 생리대와 예쁜 팬티를 작은 파우치에 넣어 엄마의 사랑이 담긴 편지와 함께 선물해 주십시오. 갑자기 생리를 했을 때 당황하지 않도록 항상 가방에 넣어 가지고 다니도록 하는 게 좋습니다. 그리고 월경일을 계산하는 앱을 알려 주십시오. 딸이 첫 월경을 시작했을 때 불안이나 수치스러움이 아닌 하나님의 축복의 선물로, 새 생명을 잉태할 수 있는 몸이 되는 과정으로 이해하도록 가르치는 것이 중요합니다.

딸에게 생리통이 무엇인지도 알려 주어야 합니다. 배나 허리가 아픈 증상이 당연히 생길 수 있다고 말해 주고, 생리전증후군(PMS)이 올 수 있다는 것도 설명해 줘야 합니다. 생리를 시작하기 전에 굉장히 예민해지고 우울해지는 등 감정기복이 심해질 수 있기 때문에 슬퍼지거나 울고 싶어지면 울어도 괜찮다고 격려해 주는 것도 좋은 방법입니다. 그리고 생리가 끝났을 때 감염이나 발진이 생길 수 있으니 청결에 신경을 쓰도록 알려 주어야 합니다.

미국 질병관리본부에 의하면, 남자아이들이 몽정을 하는 나이는 평균 12.5세이며 어떤 아이들은 더 어릴 때 하기도 합니다. 몽정은 아버지가 되기 위해 몸을 준비하는 한 과정입니다. 생명을 잉태할 수 있는 몸으로 자라나는 과정이기 때문에 하나님이 허락하신 축복입니다.

"아들아, 몽정을 한다는 것은 몸이 건강하게 잘 성장하고 있다는 것을 알려 주는 신호야. 그리고 드디어 생명을 가질 수 있는 남자의 몸이 된 것이지. 네가 몽정을 하면 속옷을 갈아입고 샤워를 하면 된단다. 이것은 남자로 자라나는 한 과정이야"라고 알려 주십시오. 가장 좋지 않은 방법은 몽정에 대해 인터넷이나 친구에게서 잘못된 정보를 받는 것입니다. 그렇기 때문에 아버지가 아들에게 몽정에 대해 미리 알려 주는 것이 중요합니다.

남자들에게는 규칙적인 성적 욕구가 있습니다. 건강한 남성은 정자를 하루에 1억2천만 개 가량 만들어 냅니다. 어떤 학자들은 남자의 몸에서 계속 정자가 생성되기 때문에 건강한 남성은 72시간마다 사정을 해야 한다고 합니다. 그렇기에 하나님은 몽정이라는 선물을 통해 정자가 몸에서 배출되도록 남자의 몸을 만드신 것입니다. 그리고 본인이 이상한 생각을 하지도 않았는데 발기가 될 수 있음을 미리 알려 주어서 이러한 상황이 되었을 때 죄책감을 가지거나 당황하지 않도록 하십시오. 이런 현상은 성장 과정

중 하나이며, 시간이 지나면 스스로 통제할 수 있음도 알려 주십시오. 이 시기에는 신체적인 변화와 함께 생각의 변화, 마음의 변화가 일어나며, 믿음의 남자로 준비되는 과정이 더 중요하다는 것도 알아야 합니다. 사춘기 전에 몸의 변화에 대해 올바로 가르치면 자신의 신체 변화에 놀라지 않고 오히려 부모에게 조언을 구하는 자녀들이 될 수 있습니다.

성교육을 빨리 해야 한다는 조급한 마음에 그동안 대화도 하지 않던 자녀와 갑작스럽게 성교육 책을 같이 읽거나 성에 대해 대화를 하려고 한다면 더 큰 충돌이 있을 수 있습니다. 그렇기 때문에 성교육을 하기에 앞서 먼저 자녀와 친밀한 관계를 회복해야 합니다. 서로 대화의 창을 먼저 여십시오. 그리고 남자아이들은 아빠가, 여자아이들은 엄마가 성교육하길 권합니다. 청소년 시절에는 친구들과 유대감을 형성하려고 하기 때문에 교회에서 같은 또래 같은 성 친구들과 성교육을 받는 것도 좋은 방법입니다.

가정에서 시작하는 성교육 방법

포르노에 노출된 아이들은 어른이 되어서도 건전한 가정생활을 꾸려 가기 힘든 경우가 많습니다. 왜냐하면 그들은 포르노에서 봤던 이미지와 행동이 정상적인 행위라고 생각하기 때문입니다. 그래서 배우자에게 그런 행위를 따라할 것을 요구하고 심지어 폭력에 가까운 관계를 갖게 되는 경우가 많다고 합니다. 제 주위의 몇 사람도 도저히 그런 상태를 견딜 수 없어서 이혼할 수밖에 없었다고 고백했습니다.

그래서 가정에서의 올바른 성교육이 중요합니다. 가정에서 부모는 어떻게 행동하고 자녀에게 모범이 되어야 할까요?

첫째, 평상시에 아름다운 부부의 모습을 보여 주어야 합니다. 자녀들 앞에서 자연스럽게 볼에 뽀뽀하거나 껴안는 정도는 괜찮습니다. 부모가 서로 사랑하고 아끼는 모습을 자녀들에게 보여 주는 것만큼 좋은 성교육은 없습니다.

둘째, 자녀들의 성교육을 위해 부모가 먼저 교육을 받아야 합니다.

셋째, 유아기부터 청소년기에 이르기까지 연령에 맞는 적절한 성교육을 해야 합니다.

넷째, 잘못된 미디어가 성교육에 영향을 주지 않도록 제한해야 합니다. 예를 들면 앞에서 말한 것처럼 유해 사이트를 차단하는 방법들을 사용할 필요가 있습니다.

다섯째, 자녀가 묻는 성에 관한 질문에 솔직하고 지혜롭게 답하는 부모가 되어야 합니다. 그러기 위해서는 책을 많이 읽고 정보와 지식을 얻을 뿐만 아니라 자녀들을 올바른 길로 안내할 지혜가 필요하기 때문에 기도도 많이 해야 합니다. 자녀들이 물어봤을 때 솔직한 자세로 임하는 것은 굉장히 중요합니다. 하지만 연령에 맞게 솔직해져야 합니다.

예를 들면 다섯 살 아이가 "엄마, 아기는 어디서 나와?"라고 물었다고 해서 자세하게 전문적으로 얘기해 줄 필요는 없습니다. 그 나이의 아이들이 이해하고 받아들일 수 있을 정도까지만 얘기해 주면 충분합니다. 그러면서 자녀들이 성장함에 따라 한 단계 한 단계 나아가는 과정이 필요합니다. 성교육은 그렇게 단계를 밟아 나가는 것이 매우 중요합니다.

미국의 많은 가정에서는 초경 파티를 여는데, 이것을 기억에 남을 좋은 추억으로 만들어 주면 좋습니다. 저희 가족도 딸을 위해 외식을 하며 초경 파티를 했습니다. 초경 파티에는 빨간색 음식을 먹는 규칙이 있습니다. 저희도 빨간색이 들어간 맛있는 음식을 먹었습니다. 미디움 레어 스테이크(medium rare steak), 빨간 토마토소스 파스타, 빨간 양배추 샐러드(Red cabbage salad), 크렌베리 주스(cranberry juice) 그리고 디저트로는 레드벨벳 케이크(red velvet cake)를 먹으면서 딸을 축복해 주었습니다.

남자아이에게는 면도기와 줄넘기를 선물합니다. 그리고 사춘기가 되면 갑자기 이상야릇한 생각이 들 수 있는데 그때는 밖에 나가서 줄넘기나 농구, 축구 등의 운동을 하며 풀게 합니다. 무조건 참아야 한다고 하면 오히려 좋지 않은 길로 빠질 수도 있기 때문입니다.

사춘기 남자아이들은 가능한 한 운동을 많이 시키고 집에 오면 피곤해서 눕자마자 곯아떨어지게 만드는 것이 좋습니다. 자녀들이 컴퓨터 앞에 있는 시간이 많아질수록 포르노나 야한 동영상 사이트에 접속할 확률이 훨씬 더 높아집니다. 그렇기 때문에 적극적으로 운동을 권장하는 것이 좋습니다.

그리고 우리가 사는 지역에 성범죄자가 얼마나 있는지를 알려 주어야 합니다. 한국은 성범죄자 알림이(www.sexoffender.go.kr) 사이트에서 검색할 수 있습니다. 미국은 캘리포니아 메건법(California magan's law, 성범죄자의 이름과 주소 등을 공공기록에 올려놓도록 하는 법) 웹사이트에 들어가면 자신의 집 주위 5마일 또는 10마일 안에 몇 명의 성범죄자가 살고 있는지 알 수 있습니다. 그리고 그 지역에 있는 범죄자들의 신상과 얼굴을 일일이 확인해 볼 수 있습니다.

이처럼 나이별로 각 가정에서 어릴 때부터 성경적 성교육을 한다는 것은 거창하게 어떤 이론을 습득해서 가르치는 것이 아닙니다. 일상 생활에서 자녀의 수준에 맞도록, 그리고 그때그때 상황에 맞도록 자녀의 질문들에 성경적으로 답해 주는 것입니다. 여덟 살이라 해도 아무것도 모르는 자녀라면 5-6세용 책으로 성교육을 하면 됩니다. 또는 아홉 살이라 해도 음란물에 노출되었다면 청소년용 성교육 책으로 가르쳐야 합니다. 정신적 발달이 지체된 자녀를 둔 부모도 마찬가지입니다. 자녀의 나이가 아닌 이해 수준을 보고 그에 맞는 책으로 가르치기를 권합니다.

자녀가 말씀이 기준이 되는 성 가치관을 갖게 하려면 부모의 노력이 필요합니다. 가정 안에서 이루어지는 매일의 일상 속에서 미디어를 통해 무엇을 보는지, 부부가 서로를 얼마나 존중하는지, 부모와 자녀가 얼마나 대화하는지, 어떤 책을 읽도록 권하는지 등 수많은 상황을 통해 우리 자녀들의 성 가치관이 만들어지고 있다는 것을 기억하십시오.

왜
순결해야 하는가

성에 대해 하나님이 주신 메시지는?

이제 순결(purity)의 의미에 대해 살펴보겠습니다. 과연 순결이란 무엇일까요? 순결이란 '하나님이 만드신 디자인대로 살려고 노력하고 헌신하는 삶'입니다. 이것을 자녀들에게 알려 주고 외우게끔 해야 합니다. 그렇게 되려면 굉장히 노력하고 헌신해야 합니다. 저절로 이루어지는 것이 아닙니다. 하나님이 인간을 남자로 또는 여자로 살게 하시고, 한 남자와 한 여자가 만나 결혼해 그 안에서만 가정이 이루어지게 하신 데에는 분명한 목적과 이유가 있음을 말해 주어야 합니다. 우리가 그 목적에 맞게 사는 것, 그렇게 되도록 스스로 헌신하고 그 약속을 지키는 것이 순결이라고 가르쳐 주십시오.

과연 성경은 성에 대해 긍정적으로 말하고 있을까요, 아니면 부정적으로 말하고 있을까요? 이 문제에 대해 자녀들과 한번 얘기해 보기를 권합니다.

"성에 대해 하나님이 주신 메시지는 무엇일까요?" 이 질문에 대해 많은 아이가 "하나님은 분명히 성은 아주 잘못된 것이니 성 관계는 하지 말아야 한다고 말씀하실 것 같다"고 대답할 것입니다. 그런데 그것은 틀린 생각입니다. 하나님이 말씀하신 메시지는 하나님의 때까지 기다리라는 것입니다. 왜냐하면 하나님의 계획에 따라 창조된 성은 너무 멋져서 보호할 가치가 있기 때문입니다. 그때란 바로 결혼할 때입니다.

하나님은 우리 자신을 보호하기 위해서 순결하게 살라고 말씀하십니다. 하나님은 우리가 재미있게 사는 것을 막으려고 '너는 맛보지 마, 너는 해보지 마' 하시는 것이 아닙니다. 만약 그때를 기다리지 않았을 경우 불순종에 대한 대가가 크다는 것을 가르쳐 주어야 합니다. 그 대가가 워낙 크기 때문에 성적 순결의 기준이 높은 것입니다.

세상보다 먼저 자녀에게 성교육하기

청소년 임신예방 국민운동(National Campaign to Prevent Teen Pregnancy)의 발표에 따르면 "십 대들은 어릴 때 부모 및 다른 어른들과의 관계에서 더 많은 안내와 정보 그리고 대화를 원한다"라고 했습니다. 가정에서 성교육을 하지 않으면 이 세상이 자녀들에게 성 가치관 교육을 할 것입니다. 가정에서 성에 관한 이야기를 하지 않는다면 난잡한 성교육이 자녀들의 마음을 차지할 것입니다.

자녀가 어릴 때 부모가 성에 대해 열린 분위기에서 얘기하는 것이 좋은 성교육입니다. 많은 부모가 성에 대해 자녀와 얘기하는 것을 꺼려 하지만, 나중에 갑자기 아이로부터 임신했다거나 에이즈에 걸렸다는 말을 듣는 것보다는 덜 고통스러운 일입니다. 그런 문제로부터 자녀를 지키려면 가정에서 미리 성교육을 해야 합니다.

저는 어리게는 3학년 학생들부터 성교육을 실시하는데, 어떤 부모는 제가 성교육을 한다고 하면 "전도사님, 우리 아이가 갑자기 성에 대해 눈뜨게 될까 봐 걱정스럽습니다"라고 말합니다. 지금까지 부모들과 면담해 본 결과, 20퍼센트의 부모가 "우리 아이는 성에 대해서 알아요. 포르노에 노출됐어요"라고 말하고, 나머지 80퍼센트의 부모는 "우리 아이는 아무것도 몰라요"라고 말합니다. 하지만 학생들이 교육 받으러 왔을 때 눈을 감게 하고 "포르노를 한 번이라도 본 적 있다면 손들어 보라"고 하면 80퍼센트 정도가 손을 듭니다. 부모의 반응과 완전히 반대의 결과가 나왔습니다.

성교육에 관한 한 두 가지 선택밖에 없습니다. 올바른 성경적 성교육으로 마음을 채우든지, 세상이 자녀에게 성에 대해 알려 주도록 놔두든지 둘 중에 하나를 택해야 합니다. '내 자녀는 성에 대해 너무 모르니까 아직은 이야기하지 않는 게 맞다'라는 안일한 생각은 잘못된 것입니다. 자녀를 무지하게 만들어서 언젠가는 세상의 난잡한 성 메시지에 노출되도록 내버려 두게 되는 것입니다.

데이트에서 선을 지키는 문제

저는 결혼을 전제로 하는 이성교제, 즉 연인 관계 데이트는 경제적, 정신적, 육체적으로 부모에게서 독립할 수 있을 때 하라고 합니다. 그전에는 우정의 데이트를 해야 합니다. 스킨십 없이 친구로 지내는 것은 얼마든지 괜찮습니다. 십 대 때 데이트를 해서는 안 된다고 말하는 이유는 아이들의 호르몬 수치가 고등학교 때까지 계속 왔다갔다하기 때문입니다.

예를 들면 하루는 어떤 친구가 좋아져서 좋아한다고 고백했는데, 열흘쯤 지나자 갑자기 그 친구가 싫어지고 다른 친구가 더 좋아지는 것입니다. 그런 현상이 몇 번이고 반복되기도 합니다.

"너희가 지금 누구를 좋아하는 것은 사랑이 아니야. 그건 우정이야. 너희가 그것을 혼동하는 거야. 그리고 너희 또래는 호르몬의 영향 때문에 오늘은 이 아이를 좋아했다가 갑자기 내일은 또 다른 아이가 좋아지는 식으로 상대가 바뀔 수 있어. 너 자신의 감정도 믿지 못하는데 어떻게 네가 누구한테 사귀자고 얘기할 수 있겠어? 연애의 목적은 행복한 결혼 생활을 위해 나와 가장 맞는 사람을 찾을 수 있도록 그 사람을 알아가는 과정이란다. 그렇기 때문에 가볍게 생각하면 안 돼."

이렇게 얘기하면 학생들이 그 말에 수긍합니다. 그리고 데이트는 준비될 때까지 기다려야 한다고 말해 줍니다. 흥미롭게도 데이트하면서 스킨십의 정도를 어디까지 생각하고 있느냐는 주제를 가지고 학생들을 논쟁시키면 저마다 의견이 분분해집니다. 손도 잡으면 안 된다는 학생부터 키스는 된다는 학생까지 다양하게 자기주장을 내놓습니다.

제가 정하는 범위는 키스 전 뽀뽀까지입니다. 그렇게 얘기하면 학생들이 몸 여기저기를 가리키며 "여기는 되냐?"고 물어봅니다. 그러면 저는 "볼 뽀뽀 정도까지는 괜찮지만 딥키스는 안 된다. 왜냐하면 남자들은 키스를 하게 되면 컨트롤하기 어렵기 때문이다"라고 대답해 줍니다. 그러면서 학생들에게 미리 데이트 상대에게 허용할 수 있는 바운더리, 즉 선을 정하게끔 합니다. 그리고 누군가와 데이트할 때 상대에게 네가 허용할 수 있는 선이 어디까지인지 알려 주라고 말해 줍니다.

　　상대 이성이 "너는 나를 사랑하지 않아? 사랑하는데 이렇게 하면 안 되는 거 아니야?" 하며 선을 넘어서는 관계를 요구하면 그것은 진심으로 나를 사랑하는 게 아니라 내 육체를 사랑하는 것이고, 전혀 결혼할 마음이 없는 사람이므로 바로 헤어져야 한다고 이야기해 줍니다. 따라서 "헤어졌을 때 본인에게 아무런 손해를 보지 않는 선까지만 허용해라. 전도사님이 생각했을 때는 그 선이 키스 전 단계다"라고 말해 줍니다.

　　사실 저도 첫 키스를 결혼할 때 하겠다는 약속을 지켜 준 남편에게 너무 감사하고, 혼전순결을 지켜 준 남편이 존경스럽습니다. 저는 연애 과정에서 자기 몸을 통제하지 못한다면 결혼 후에도 좋은 부부관계가 이루어질 수 없다고 생각합니다. 그렇기 때문에 저는 제가 정한 선을 넘지 않고 잘 지켜 주는 사람이 내 짝이 될 거라는 확신을 가지고 데이트를 시작했습니다. 자녀에게 바운더리를 정하는 것과 최선을 다해 그 선을 지키려고 노력할 때 좋은 가정이 만들어진다는 것을 가르쳐 주기 바랍니다.

성적으로 무너뜨리는 사탄의 공격에서 승리하기를

존 파이퍼(John Piper) 목사는 젊은이들이 큰 꿈을 가지고 '하나님을 위해서 살겠다', '하나님을 위해서 헌신하겠다'고 할 때, 그런 젊은이들에게 사탄이 다가가는 전략이 성적으로 무너지게 하는 것이라고 이야기했습니다. 성적으로 무너지면 하나님을 향했던 꿈이 다 사라집니다. '나 같은 타락한 인간이 어떻게 하나님을 위해 일할 수 있나' 하고 무너지는 학생들을 너무 많이 봤습니다.

또 많은 부모가 자위행위에 대해서 아들에게 어떻게 가르쳐야 하는지 물어봅니다. 자녀양육의 권위자인 제임스 답슨(James Dobson) 박사는 이렇게 이야기합니다.

"95-98퍼센트의 남자들은 자위를 한다고 얘기한다. 나머지 2-5퍼센트는 거짓말을 한다고 보는 게 맞다. 따라서 100퍼센트의 남자가 자위를 하는 것이다. 문제는 그것이 맞다 틀리다가 아니라, 자위에 대해 너무 신경 쓰지 않도록 하는 것이다."

제임스 답슨 박사가 청소년기였을 때 아버지가 운전하는 차를 타고 함께 가고 있는데 자신에게 이런 얘기를 해줬답니다.

"짐, 나는 어렸을 때 자위행위에 대해 지나치게 고민했다. 나한테는 정말 무서운 일이었다. 내 힘으로 어쩔 수 없는 그 일로 하나님이 나를 정죄하시는 줄 알았거든. 그래서 말인데, 네가 사춘기가 되거든 자위행위를 꼭 하지 않아도 되기를 바란다. 하지만 하게 되거든 그 문제로 너무 고민하지 마라. 하나님과의 관계에 큰 상관이 있다고는 생각하지 않는다"(《내 아들을 남자로 키우는 법》, 제임스 답슨, P 101).

성경에는 정확하게 자위행위가 죄라고 말씀하신 곳이 없습니다. 하지만 자위행위는 하나님이 만드신 성의 목적에 어긋난 행동입니다. 하나님은 결혼을 통해 두 사람이 친밀해지고 하나가 되게 하기 위해 성을 선물하셨는데, 자위행위는 부부관계에서만 경험할 수 있는 성적 만족을 내 중심적인 방법으로 얻는 행위이기 때문입니다. 그리고 자위행위를 할 때마다 강력한 신경 화학 물질들이 나오기 때문에 이를 계속하면 습관이 됩니다. 그래서 자위행위를 계속하면 하나님과 멀어지게 됩니다.

사춘기 때부터 행하던 자위행위가 결혼했다고 갑자기 끊어지지 않습니다. 오히려 그동안 해왔던 습관이 부부 관계에 영향을 미칩니다. 하나님은 결혼의 최고 선물 중에 하나로 성을 누리도록 하셨는데, 자위행위 때문에 부부 사이에 갈등이 생기게 되는 것입니다. 또한 대부분의 자위행위는 깨끗한 마음을 가지고 하기가 힘듭니다. 자위를 하기 전에 먼저 생각으로 죄를 짓게 됩니다. 대부분 포르노를 보거나 음란한 생각을 하면서 자위행위를 합니다. 자위행위보다 더 심각한 문제는 눈으로 짓는 죄와 상상력으로 짓는 죄라고 할 수 있습니다.

마태복음 5장 28절에서 예수님은 "음욕을 품고 여자를 보는 자마다 마음에 이미 간음하였느니라"고 말씀하십니다. 그런데 자위행위가 음란한 생각과 행동을 동반함에도 대부분의 사람은 죄라고 느끼지 못합니다. 보기에 죄 같고 냄새도 죄 같고 결과도 죄 같으면 죄입니다. 근본적으로 자위행위는 우리의 죄성 때문에 생긴 것입니다. 성령님의 말씀에 순종하면 자위행위가 나를 다스리는 것이 아니라 내가 자위행위를 다스릴 수 있습니다. 자위행위에서 나오려면 성적으로 자극을 주는 것을 피해야 합니다.

따라서 앞에서도 말했듯이 줄넘기나 농구, 축구 등 운동을 하도록 권하고, 동성의 부모가 자녀에게 "네가 이런 행위를 자주, 계속하게 되면 나중에 가정생활에 굉장히 치명적일 수 있다. 따라서 차츰 줄여야 한다"고 얘기해 주어야 합니다.

제가 가장 우려하는 것은 사탄이 이런 성적인 문제로 우리 자녀들을 공격하는 것입니다. 사탄의 공격 때문에 우리 자녀들이 하나님을 피해 세상으로 나가 처참한 생활을 합니다. 초등 고학년 자녀들은 이제 곧 사춘기를 맞이할 것입니다. 사춘기는 혼자 판단하고 홀로 서기를 할 수 있도록 준비하는 시간입니다. 그 시간을 위해 부모는 "누구든지 네 연소함을 업신여기지 못하게 하고 오직 말과 행실과 사랑과 믿음과 정절에 있어서 믿는 자에게 본이 되어"(딤전 4:12)라는 말씀으로 자녀들이 깨끗한 믿음, 순결한 생각, 순결한 몸으로 순결한 삶을 추구하도록 어릴 때부터 성경적 성교육으로 교육하고, 성령님의 인도하심을 위해 늘 기도하기를 소망합니다.

'남가주 다음세대 지키기' 홈페이지에서
성교육 동영상을 먼저 보고 시작하세요.

PURITY 성경적 성교육을 위한 교사 훈련과 사역자 훈련 신청은
info@protectnextgeneration.org로 문의하시기 바랍니다.

초등생을 위한
성경적 성교육
5주 과정
(3-6학년)

2

성경적
성교육의 이해

　대부분의 부모는 자녀들과 성에 대해 이야기하는 것을 꺼립니다. 본인이 어렸을 때 집에서나 교회에서 성교육을 받은 경험이 없기 때문에 자녀에게 성교육하는 것을 부담스러워합니다. 하지만 부모가 자녀들에게 성교육을 하지 않으면 세상의 미디어와 친구들이 자녀에게 성교육을 하게 될 것입니다. 성교육은 새로운 가르침이 아닙니다. 성교육은 기본으로 돌아가는 것입니다. 그런 의미에서 5주 동안의 성경적 성교육을 통해 자녀들은 성경의 기본 진리를 배우며 아름다운 가정을 준비하는 여행을 하게 될 것을 확신합니다. 5주간의 성경적 성교육을 통해 네 가지 중요한 성교육 원리를 깨닫기를 소망합니다.

　첫째, 하나님은 "생육하고 번성하라"고 축복의 명령을 하셨습니다. 성경은 하나님이 왜 남자와 여자를 다르게 만드셨는지 그 목적을 정확히 알려 줍니다. 하나님은 남자와 여자를 다르게 만드셨지만, 그 이유는 남자와 여자를 분리하기 위해서가 아니라 연합시키기 위함입니다. 말씀에서의 성은 부부의 하나 됨, 생명의 소중함, 아름다운 가정과 교회, 다음 세대에게 신앙의 전수를 통한 하나님 나라의 확장, 그리고 하나님의 창조의 신비입니다. 우리는 하나님뿐만 아니라 다른 사람과도 소통하고 관계를 갈망하도록 지어졌습니다. 특히 예수님을 믿음으로 하나님과 하나 되고, 더불어 부부가 서로 하나 됨을 경험하며 사는 사람들은 세상에서 가장 행복하다고 할 수 있습니다.

둘째, 생명을 만드시는 과정을 통해 하나님의 위대하심을 볼 수 있습니다.

"주께서 내 내장을 지으시며 나의 모태에서 나를 만드셨나이다 내가 주께 감사하옴은 나를 지으심이 심히 기묘하심이라 주께서 하시는 일이 기이함을 내 영혼이 잘 아나이다 내가 은밀한 데서 지음을 받고 땅의 깊은 곳에서 기이하게 지음을 받은 때에 나의 형체가 주의 앞에 숨겨지지 못하였나이다 내 형질이 이루어지기 전에 주의 눈이 보셨으며 나를 위하여 정한 날이 하루도 되기 전에 주의 책에 다 기록이 되었나이다"시 139:13-16

하나님은 우리의 태아 시절부터 특별한 관심을 가지고 보신다는 사실을 말씀을 통해 알 수 있습니다. 그런데도 우리는 태아를 하나님이 주신 고귀한 생명체로 생각하지 못할 때가 많습니다. 아직 눈에 보이지도 않을뿐더러, 몸 안에 있기에 내 소유라고 생각하는 것입니다. 하나의 인격체가 아니라 몸속 기관에 생긴 작은 혹 정도로 생각하기도 합니다. 그러나 생명은 엄마 배 속에서 나오면서부터가 아니라 정자와 난자가 수정되어 잉태한 순간부터 주어집니다. 수정 이후 태아에게 더해지는 것이 아무것도 없습니다. 태아는 수정 때부터 세상으로 나오는 시기까지 발달과정을 거치는 것뿐입니다. 그러므로 태아는 완전히 발달된 상태는 아니지만 여전히 완전한 인간입니다.

셋째, 믿음의 남자, 현숙한 여자가 되기 위해 훈련합니다. 성경은 믿음의 남자가 현숙한 여자를 만나게 된다고 말씀합니다(잠 31:10-11). 희생할 줄 아는 남편, 말씀으로 가정을 세우는 남편, 아내를 사랑하고 가정의 머리로 세워지는 남편, 혹은 성숙한 아내, 지혜로운 아내, 하나님을 경외하는 아내는 저절로 만들어지지 않습니다. 자녀들이 현숙한 여자와 믿음의 남자로 자라나게 하기 위해서는 훈련이 필요합니다. 우리는 모두 죄의 본성을 가지고 태어났기 때문에 선과 악의 선택이 있을 때 악을 선택하고 싶어 하는 경향이 있습니다. 난잡한 성관계, 내 몸을 만족시키는 성, 짜릿한 성 등 왜곡된 성에 눈과 마음이 갑니다. 따라서 우리에게는 훈련이 필요합니다. 거룩함의 훈련, 마음의 훈련, 말씀의 훈련, 정직함의 훈련, 언어의 훈련, 하나님 나라를 먼저 구하는 훈련, 지혜롭게 말하는 훈련, 진정한 내면의 아름다움을 가꾸는 훈련, 겸손의 훈련, 하나님을 섬기는 훈련 등을 해야 합니다. 이를 통해 우리 자녀들은 멋진 믿음의 남자와 아름답고 현숙한 여자로 성장해 갑니다.

마지막으로, 행복한 결혼을 위하여 데이트는 아주 신중히 해야 합니다. 하나님을 기쁘시게 하는 데이트는 서로를 위해 희생하고 이해하며 배려하는 데이트입니다. 데이트를 통해 신앙이 더 성숙하고 더 나은 사람이 되어야 합니다. 내 몸이 하나님의 성전인 것을 믿고 순결하게 지키는 절제된 데이트를 해야 합니다.

하나님은 우리에게 최고와 최선의 것을 주려고 결혼 제도를 만드셨습니다. 그런데 사탄은 순간의 짜릿한 즐거움을 맛보기 위해 포르노와 같은 가짜 즐거움으로 만족해도 되며 그것을 손에 움켜쥐라고 유혹합니다. 하나님은 진짜 다이아몬드를 준비하고 기다리고 계신데, 사탄은 가짜 다이아몬드로 속이고 있는 것입니다.

많은 다음 세대가 가짜 다이아몬드를 움켜쥐고 놓지 않습니다. 가짜 다이아몬드를 놓지 못하는 이유는 하나님이 과연 진짜 다이아몬드를 갖고 계실지, 그것이 진품이 맞는지 하는 의심 때문입니다. 그리고 내가 가지고 있는 이 가짜 다이아몬드가 얼마나 나에게 소중하고 기쁨을 주는지 하나님이 모른다고 생각하기 때문입니다. 성경적 성교육 과정과 순결 서약식을 통해 하나님이 준비하신 진짜 다이아몬드를 찾는 여정이 되기를 소망합니다. 그리하여 훗날 믿음의 가정을 이루며 하나님께 영광 돌리는 삶을 사는 다음 세대가 되기를 축복합니다.

대상

초등학교 3학년부터 6학년까지(미국은 5학년까지가 초등학생입니다. 한국의 경우 3학년부터 6학년까지 할 수 있습니다).

그룹

선생님 한 명에 학생 네 명으로 구성하는 것이 적당합니다.

남자 · 여자

남학생들과 여학생들을 따로 나누어 프로그램을 진행합니다. 때론 같이 할 수 있기도 합니다.

프로그램 소요 시간

네 번의 훈련을 통해 학생들이 배우며, 매주 1과씩 훈련하는 것을 추천합니다. 네 번의 훈련 후에 순결 서약식을 갖습니다. 각 훈련마다 2시간 30분 정도 소요됩니다.

회비

회비는 각 교회의 사정에 맞게 정합니다.

교사 훈련

두 달 전부터 기도로 준비합니다. 각 과마다 두 시간 정도의 훈련 시간(총 10시간)이 필요합니다.

프로그램 두 달 전

선생님들이 훈련을 시작함과 동시에 참여할 학생들의 등록을 시작합니다.

프로그램 한 달 전

5주 과정의 준비물을 미리 마련해 둡니다. 부모/학생 인터뷰(부록 1, 2 참조)를 시작합니다.

프로그램 한 주 전

학부모 오리엔테이션(부록 3 참조)을 진행합니다.

프로그램 첫 날 환영 및 자기 소개

첫째 날에 학부모를 초대해서 학생이 소속된 그룹과 담당 선생님이 누구인지 발표하고, 부모님과 선생님이 인사를 나눕니다.

제1과
남자와 여자를 만드신 하나님

요점

1. 하나님이 인간을 동물과 구별하여 하나님의 형상으로 창조하심

2. 하나님이 남자와 여자를 따로 구분하여 창조하심

3. 사람을 하나님과의 관계와 가족간의 관계를 갈망하도록 설계하심

암송구절

하나님이 자기 형상 곧 하나님의 형상대로 사람을 창조하시되

남자와 여자를 창조하시고 창세기 1장 27절

프로그램 순서		소요시간 1시간 40분	설명
전체 그룹	환영/ 자기소개	10분	학생들과 선생님들이 서로 소개하기
전체 그룹	암송구절 게임	20분	탁구공을 이용해 게임하기
전체 그룹	전체 성경공 부 "남자와 여자를 만드 신 하나님"	20분	인솔자가 프로그램을 인도
남자반 / 여자반 나눔	소그룹 성경공부	10분	여자 남자 따로 수업
남자반 / 여자반 나눔	소그룹 토론 시간	10분	여자 남자 따로 수업
남자반 / 여자반 나눔	남녀 생식기관 공부	20분	한 선생님이 한 생식기관 강의를 맡기
전체 그룹	숙제 공지/ 기도	10분	한 주 동안 해야 할 숙제 알려 주기

암송구절 게임

준비물

빈 계란판(그룹 수만큼), 탁구공(12개×그룹 수), 라벨지(A4로 80칸짜리), 작은 원형 스티커(12개×그룹 수), 탁구공을 넣을 통이나 상자(그룹 수만큼).

① 1번부터 12번까지 번호를 쓴 작은 스티커를 계란판 안에 하나씩 차례로 붙인다.

② 각각의 암송구절을 라벨지에 인쇄한 후 탁구공에 하나씩 붙인다(번호는 제외-#1하나님이 #2자기 #3형상 #4곧 #5하나님의 #6형상대로 #7사람을 #8창조하시되 #9남자와 #10여자를 #11창조하시고 #12창세기 1장 27절).

③ 탁구공은 그룹 수대로 통에 따로 담아 둔다.

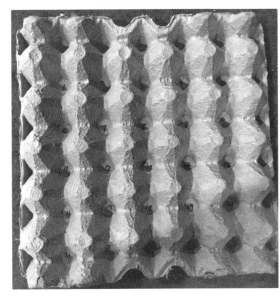

게임 방법

① 그룹별로 한 줄씩 서 있다가 신호가 울리면 한 명씩 뛰어가 통에 담긴 탁구공 하나를 집는다.

② 집은 탁구공을 성경구절 순서에 맞게 계란판에 넣는다.

③ 제일 먼저 성경구절을 완성한 팀이 우승한다.

Note)
게임을 더 어렵게 만들고 싶
다면 젓가락으로 탁구공을
집도록 한다.

게임 규칙

만약 실수로 탁구공을 다른 자리에 넣었다면 다른 학생이 다음 차례에 다시 넣을 수 있다.

1. 성(sex)과 젠더는 어떻게 다른가요?

성은 남자와 여자의 서로 다른 신체적 특성이다. 요즘에는 '젠더'(gender)라는 말을 많이 쓰는데, 이것은 '성 역할'의 의미에 더 가깝다. 그래서 남자의 몸을 가졌다고 해도 스스로 여자라고 생각한다면 '여성'이라고 말할 수 있는 것이다. 예전에는 '트랜스 젠더'(transgender)라고 하면 성전환 수술을 한 사람들을 일컫는 말이었다. 하지만 이제는 몸은 남자지만 본인이 여성이라고 생각하는 사람들, 거꾸로 몸은 여자지만 본인이 남자라고 생각하며 살아가는 사람들까지 통틀어 트랜스젠더라고 부른다.

요즘 이 젠더를 사탄이 다음 세대를 죄에 빠뜨리려고 유혹하는 전략으로 쓰고 있다는 것을 학생들에게 꼭 가르쳐야 한다. 하나님이 우리를 여성 또는 남성으로 만들었을 때는 그에 적절한 목적이 있으셨다. 사탄이 에덴동산의 선악과를 따먹도록 하와를 유혹한 것처럼 지금도 우리에게 똑같은 질문을 하고 있는 것이다.

'왜 성을 하나님이 선택해? 하나님이 너에게 준 성이 진짜야? 그건 아닐 수도 있어. 실험을 해봐야 네가 남자인지 여자인지 알지. 테스트해 봐. 네 성은 네가 정하는 거야. 네 몸의 주인은 너이고 너의 진짜 모습을 아는 것도 너야. 그러니 너의 성은 네가 결정해야 하는 거야'라고 사탄은 속삭인다. 학생들에게 성(sex)과 젠더(gender)의 차이점, 그리고 하나님이 왜 우리를 여자와 남자로 만드셨는지를 알려 주어야 한다.

2. 하나님은 우리를 하나님의 형상으로 만드셨습니다. 동물과 사람은 어떻게 다르게 지으셨나요?

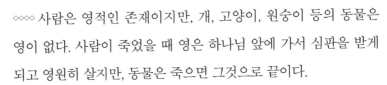

① 우리에게는 <u>영과 육체</u>를 모두 주셨지만(전 12:7), 동물에게는 육체만 있다.

학교에서 학생들에게 성교육을 할 때 '우리는 동물이다'라는 것을 기본 전제로 깔아 둔다. 말하자면 '언제든 네가 원하는 대로 하라, 하고 싶은 대로 하라'는 것이다. 반면 성경은 인간이 하나님의 말씀에 따라 하나님의 형상대로 지음받은 존재이기 때문에 '우리는 동물이 아니다'라는 것을 기본 전제로 둔다. 따라서 성교육의 기본은 우리는 하나님의 형상으로 지음받은 존재이며 동물과 다르다는 것이다. 사람이 하나님의 형상을 가졌다는 것은 하나님과 닮았다는 말인데, 학생들의 입장에서는 '그럼 하나님은 우리와 같은 모습이겠구나'라고 생각할 수도 있다. 하지만 우리가 하나님의 형상을 가졌다는 것은 하나님도 우리처럼 몸을 가졌다는 의미가 아니다. 왜냐하면 "하나님은 영이시기"(요 4:24) 때문이다. 따라서 하나님은 육체를 가지고 계시지 않는다는 것을 알려 준다.

◇◇◇◇ 사람은 영적인 존재이지만, 개, 고양이, 원숭이 등의 동물은 영이 없다. 사람이 죽었을 때 영은 하나님 앞에 가서 심판을 받게 되고 영원히 살지만, 동물은 죽으면 그것으로 끝이다.

"여호와 하나님이 땅의 흙으로 사람을 지으시고 생기를 그 코에 불어넣으시니 사람이 생령이 되니라"(창 2:7)의 말씀처럼 하나님이 흙으로 우리 몸을 만드시고 우리 코에 하나님의 영을 불어넣으셨다. 그렇게 우리에게 영이 있게 된 것이다.

우리에게 왜 영혼이 있을까? 기독교인이든 아니든 우리는 영적인 존재이기 때문에 항상 갈망하는 것이 있다. 인간은 뭔가에 의지하고 싶은 마음, 즉 영적인 목마름 때문에 고대로부터 신을 찾았다. 이 세상 어디에도 종교가 없는 곳이 없다. 사람은 태양을 믿든 달을 믿든 동물을 믿든 뭔가에 의존하려는 심리가 있는데, 이는 우리에게 영혼이 있기 때문이다.

하나님을 만났을 때 우리는 그런 목마름이 해결되었다. 우리의 영혼이 하나님을 만나 만족하기 때문에 기쁘게 살 수 있는 것이다. 그래서 교회에 몸만 왔다갔다하는 사람이 아니라 하나님과 인격적으로 만나는 것이 중요하다. 학생들에게 그런 영혼의 중요성을 꼭 얘기해 주어야 한다.

② 우리는 하나님과 <u>대화</u>할 수 있다(렘 29:12). 우리는 영적인 존재이기 때문에 하나님과 기도를 통해 대화와 소통이 가능하다.

◇◇◇◇ 인간과 동물의 가장 큰 차이점은 인간은 사회적인 존재라는 것이다. 따라서 인간은 누군가와 끊임없이 교제하길 원한다. 하나님이 에덴동산에 만드신 다른 동물들은 암컷과 수컷이 함께 있는데 아담만 혼자 외롭게 있었다. 그래서 하나님이 하와를 만들어 주셨다. 그것은 우리가 행복하려면 교제가 있어야 한다는 것을 의미한다.

교제에는 두 가지가 있다. 하나는 사람과 사람 사이의 교제이고, 다른 하나는 사람과 하나님 사이의 교제다. 사람은 이 두 가지가 만족될 때 행복한 삶을 살 수 있다. 앞에서 살펴보았듯이 우리가 영적인 존재이기 때문에 기도를 통해서 하나님과 소통할 수 있는 것이다. 동물은 그렇게 하지 못한다. 사람만 하나님과 소통하고 교제할 수 있다. 사람은 영적인 존재이고 하나님과 소통하기 위해서 만들어졌기 때문이다.

③ 우리에게는 <u>자유의지</u>가 있다(마 22:37). 하나님을 사랑하는 것은 로봇처럼 되는 게 아니라 우리의 의지로 하나님을 사랑하는 것이다.

◇◇◇◇ 하나님은 우리를 이성적이고 의지적인 존재로 창조하셨다. 바로 자유의지를 주신 것이다. 기계를 발명하고 그림을 그리고 음악을 즐기고 수학을 푸는 등의 인간의 모든 행위는 인간이 이성적

이며 자유의지를 가졌다는 증거이다. 반면 동물은 자유의지가 없다. 그저 욕구대로 행동한다. 무언가를 이루겠다는 생각을 가지고 끈기 있게 노력하려는 의지가 없다. 따라서 동물과 사람을 동일하게 여겨서는 안 된다.

또한 인간은 이런 자유의지가 있기 때문에 도덕적인 존재가 될 수 있는 것이다. 인간이 잘못된 것들을 심판하기 위해서 법을 만들었지만, 그 법 또한 완벽하지 않기 때문에 변하기 마련이다. 그리고 인간은 잘못을 저지르면 죄책감과 양심의 가책을 느낀다. 이처럼 인간에게 양심이 있다는 것, 인간이 양심적인 존재가 될 수 있는 것은 하나님이 주신 자유의지 덕분이다.

이것 역시 하나님의 형상으로 만들어진 우리 안에 하나님의 거룩함과 선하심이 존재한다는 증거이다. 비록 아담의 원죄 이후 우리의 거룩함이 깨어지고 의로운 상태가 거의 없어졌지만 아직은 희미하게 남아 있다. 그것이 바로 자유의지와 양심이다.

"예수께서 이르시되 네 마음을 다하고 목숨을 다하고 뜻을 다하여 주 너의 하나님을 사랑하라 하셨으니"(마 22:37)라는 말씀처럼 우리는 하나님을 사랑할 때 자유의지를 사용해야 한다. 인간이 자연스럽게 하나님을 사랑하게 되는 일은 없다. 하나님을 찾고 하나님을 사랑하고 하나님과 관계를 맺기 위해서는 이 자유의지가 필요하다. 이는 우리가 하나님을 사랑하지 않을 수도 있고, 하나님이 필요없다 할 수도 있고, 하나님을 대적할 수도 있다는 말이다. 다만, 그 결과는 하나님의 자녀라는 특권을 내던져버리는 선택이다. 자유의지를 가진 유일한 존재는 사람이며, 동물과는 다른 존재다.

④ 우리는 <u>하나님의 목적</u>을 위하여 창조되었다(시 57:2). 아무렇게 사는 게 아니라 하나님이 나에게 주신 목적에 맞게 살아야 한다.

◇◇◇◇ 하나님이 사람을 지으실 때 인간이 살아야 할 목적을 주셨다. 그러나 동물은 살아야 할 이유를 모른 채 본능대로 살다 죽는다. "내가 지존하신 하나님께 부르짖음이여 곧 나를 위하여 모든 것을 이루시는 하나님께로다"(시 57:2)라는 말씀을 영어로 보면 하나님께서 우리에게 목적을 주신 이유가 더 와닿는다. "I cry out to God Most High, to God who fulfills his purpose for me"(ESV). 즉 하나님이 우리를 지으신 목적이 있는데, 우리가 그 목적을 성취(fulfill)하게 하신다는 의미이다. 우리는 그 목적을 이루게 하시는 하나님께 부르짖는다는 것이다.

사람들이 배불리 먹고, 돈 많이 벌고, 좋은 차, 좋은 학교, 좋은 집을 위해서만 이 세상을 산다면 그것처럼 불쌍한 인생이 없다. 정말 내 욕구만을 위해서 산다면 동물과 다름없다. 하지만 사람은 그것만으로는 행복해질 수 없다. 사람은 하나님이 주신 목적을 찾아야 한다. 그리고 그 목적을 위해 사명을 가지고 살 때 행복하다. 그래서 내가 하나님의 목적을 위해 창조되었음을 깨닫는 순간 나의 달란트, 성격, 시간, 환경 등이 왜 지금 나한테 주어졌는지 알게 된다. 그리고 그 목적을 위해서 나에게 주신 것들을 쓰게 될 때 정말로 행복한 삶을 살게 된다. 다시 말해 우리가 이 세상을 그냥 살다 가는 것이 아니라 하나님이 주신 목적을 깨닫고, 그 목적을 위해서 살 때 가장 행복하다.

왜 하나님이 나를 창조하셨는지를 깨달으면 내가 왜 이 가정에서 태어났는지, 내가 왜 이 나라에서 태어났는지, 내가 왜 공부해야 하는지, 내가 왜 책들을 많이 읽어야 하는지, 내가 왜 건강을 위해 운동해야 하는지, 내가 왜 성경말씀을 읽어야 하는지, 내가 왜 교회에 가서 예배를 드려야 하는지 알게 된다. 목적이 없는 사람은 생각 없이 살게 되어 있다. 그래서 아이들에게 하나님이 주신 목적을 알아야 한다는 것을 가르쳐 주어야 한다.

참고로 소요리문답 1문 '인간의 제일 되는 목적은 무엇인가?'에 대한 답이 "하나님을 영화롭게 하는 것과 영원토록 그를 즐거워하는 것"이라는 사실만 보아도 하나님이 우리를 지으신 목적을 확인할 수 있다. 어떻게 하면 내가 하나님께 영광을 돌릴까, 내가 어떤 일을 했을 때 하나님께 영광이 될까를 고민한다면 참으로 행복한 사람이다.

⑤ 우리는 영원히 사는 존재로 창조되었다(요 3:16). 예수님을 믿으면 천국에서 영원히 살게 되며 예수님을 믿지 않으면 영원히 지옥에서 살게 된다.

◇◇◇◇ 하나님이 우리를 영원히 사는 존재(Eternal being)로 지으셨다는 것은 우리에게 끝없이 사는 영생을 주셨다는 의미이다. 영혼이 없는 동물은 죽으면 그것으로 끝이지만 인간은 죽으면 영혼이 하나님 앞에서 심판을 받는다. 예수님이 우리를 위해 십자가에서 죽으시고 부활하셨다는 것을 믿으면 영생을 얻어 천국에서 살게 된다.

이는 참으로 감사하면서도 한편으로는 두려운 일이기도 하다. 왜냐하면 영원히 하나님과 함께 사느냐 아니면 지옥에서 사느냐 둘 중 하나를 선택해야 하기 때문이다.

....

소그룹 성경공부 ◇◇◇◇◇◇◇

Note)
남자반과 여자반으로 나누어
진행한다.

창세기 1:24-2:25을 읽고 답해 보세요.

1. 창세기 1:26-27에서 하나님은 누구의 형상으로 우리를 창조하셨습니까?

하나님의 형상대로 우리를 창조하셨다.

◇◇◇◇ 이것은 우리가 하나님과 같은 존재라는 말이 아니라 닮았다는 뜻이다. 사람이 기계를 발명하고 멋진 빌딩을 세우고 음악을 만드는 등의 일을 할 수 있는 것은 하나님의 지적인 능력을 닮았기 때문이다. 또한 우리는 하나님의 거룩의 형상을 닮은 존재이다. 처음에 아담과 하와는 의롭고 결백한 상태로 지어졌는데 이것은 하나님의 거룩함을 나타낸다. 그 후 죄 때문에 하나님의 형상이 많이 손상되었지만 우리에게 있는 양심이나 도덕적 기준은 하나님의 거룩함을 가졌던 흔적이 아직 남아 있는 증거다. 지금의 우리는 하나님의 형상을 가졌지만 죄로 인해 하나님의 형상들이 손상된 상태다.

2. 창세기 1:28에서 하나님은 우리에게 무엇을 명령하셨습니까?

"생육하고 번성하여 땅에 충만하라."

3. "생육하고 번성하여 땅에 충만하라"는 말씀의 의미는 무엇입니까?

성경은 하나님이 왜 남자와 여자를 다르게 만드셨는지 그 목적을 정확히 알려 준다. 하나님은 우리가 많은 자녀를 낳아 하나님을 기쁘시게 하는 아름다운 가정을 이루기 원하신다. 모든 나라가 자손 대대로 하나님을 예배하고, 하나님께 영광 돌리며, 하나님이 만드신 창조물을 즐기기를 원하신다.

4. 최초에 결혼은 누가 만들었습니까?(창 2:18, 24)

하나님

◇◇◇◇ 태초에 하나님이 결혼을 만드셨다. 가정은 정부가 만든 조직이 아니다. 하나님은 교회보다 가정을 먼저 세우셨으며 가정은 가장 작은 단위의 교회이다. 가정이 올바로 서야 교회가 건강해지고 나아가 사회가 건강해진다.

5. 사람을 창조하신 후 하나님은 무엇이라 말씀하셨습니까?(창 1:31)

"보시기에 심히 좋았더라."

◇◇◇◇ 사람이 살기에 완벽한 세상과 아담과 하와를 만드신 후에 하신 말씀이다. 하나님은 아담과 하와가 하나님이 만드신 세상에서 행복하게 살기를 바라며 흐뭇해하셨다. 하나님의 사랑을 듬뿍 받

는 존재가 생긴 것과 또한 그 사랑을 하나님께 표현하는 아담과 하와를 보며 너무 좋으셨다.

6. 하나님이 인간을 남자와 여자로 구별하여 만드신 세 가지 이유는 무엇입니까? 하나님은 남자와 여자에게 다른 생식기관을 주셨습니다. 그 목적이 무엇입니까?

① 출산과 번식을 위해(창 1:28)

◇◇◇◇ "생육하고 번성하라"는 것은 하나님의 명령이다. '생육'은 열매를 맺는다는 뜻이고 '번성'은 점점 증가한다는 뜻이다. 따라서 하나님이 여자와 남자를 만드신 이유는 하나님의 형상을 닮은 존재들을 계속 낳아서 늘리라는 뜻이다. 하나님의 형상을 닮은 많은 자녀가 하나님을 더 사랑하고 하나님과 교제하는 것이 하나님의 계획이었음을 알 수 있다.

② 하나됨을 위해(창 2:24-25)

◇◇◇◇ '하나'란 남자와 여자가 영적, 육적, 정신적으로 하나 됨을 의미한다. 영혼이 있는 존재인 사람은 하나님과의 교제, 사람과 사람 사이의 교제를 갈망한다. 따라서 남녀가 연합하는 교제를 통해 행복을 느낄 수 있다. 이것은 하나님의 완전함을 표현하기 위해서이며, 사회적 존재로서 행복해지기 위해서다. 따로 존재하는 남자와

왜 하나님은 사람을 남자와 여자로 만들었을까?

하나님은 정의로움과 자비로움, 강한 힘과 아름다움, 양육하심과 보호하심 등 두 가지 다른 성향, 즉 남성적인 면과 여성적인 면을 동시에 다 가지고 계신 완전하신 분이다.
그런 하나님이 피조물을 만드실 때 하나님의 모든 것을 인간이라는 하나의 존재에게 다 주지 않으셨다. 왜냐하면 우리는 피조물이기에 하나님이 될 수 없다. 그래서 하나님은 그 완전함을 남자와 여자라는 피조물에게 각각 나누어 주셨다. 따라서 하나님의 남성적인 면과 여성적인 면을 가진 남자와 여자가 하나 될 때, 즉 하나님의 피조물인 아담과 하와가 연합(unity)했을 때 하나님의 완전함을 보여 주는 것이라 할 수 있다.

여자는 완전하지 않기 때문에 "그의 아내와 합하여 둘이 한 몸을 이룰지로다"(창 2:24)라는 말씀처럼 남편과 아내가 긴밀하게 하나 됨을 경험하면서 하나님과 하나 됨을 알게 되는 것이다.

하나 됨의 또 다른 이유는 신랑이신 예수님과 신부인 우리가 하나가 되어 연합한다는 말씀 속에 있다. 예수님이 교회를 얼마나 사랑하시는지, 예수님이 얼마나 우리와 하나 되기를 원하시는지는 남편과 아내가 하나 됨의 경험을 통해 알 수 있다. '내가 네 안에, 네가 내 안에.' 포도나무와 가지의 비유처럼 우리가 예수님께 꼭 붙어서 하나가 되는 것처럼 남편과 아내가 하나 될 때 진정한 기쁨을 맛볼 수 있다.

③ 즐거움을 위해(잠 5:18-19)

◇◇◇◇ 남성은 여성에게 끌리고 여성은 남성에게 끌리게끔 하나님이 남자와 여자를 다르게 만들어 주셨다. 또한 가정을 이루고 아기를 가지는 과정은 재미있고 즐거운 것으로 하나님이 만드셨다. 영적, 정신적, 육체적으로 남자와 여자가 연합하는 것은 아주 즐겁고 기쁜 일이다. 부부의 하나 됨은 의무가 아니라 굉장히 자연스러운 일이다.

1. 하나님은 남자와 여자를 만드신 후 생육하고 번성하라고 명령하셨습니다. 죄가 이 세상에 들어오면서 우리는 결혼과 출산에 대해 부정적인 생각을 하게 되었습니다. 결혼과 출산에 관해서 사람들이 많이 하는 부정적인 생각은 무엇인지, 왜 부정적으로 생각하는지 의견을 나누어 봅시다.

◇◇◇◇ 서로 토론하며 의견을 나눈다. 가정은 그 어떤 때보다 심한 공격을 받고 있다. 한국의 20대 청년 열 명 중 일곱 명은 결혼에 대해 부정적으로 생각한다.[11] 결혼을 서로를 얽어매는 제도라고 생각하기도 하고, 성관계 자체를 악하고 더럽다고 생각하여 결혼을 안 하기도 한다. 또 아기를 낳는 것에 대한 무거운 책임감, 경제적 부담, 경력 단절, 그동안 쌓아 온 꿈 포기 등의 이유로 한국인의 출생률이 세계 최저다. 그리고 가정에서 받은 상처와 사회의 세속적 인본주의로 인해 가정관과 생명관이 왜곡 파괴되었다.

한 예로 그룹 'One Planet, One Child'의 후원으로 캐나다 밴쿠버에 광고판들이 올라갔다. "첫 아이에게 줄 수 있는 가장 사랑스런 선물은 무엇인가?" 그 선물은 "또 다른 아이를 갖지 않는 것"이라고 써 있다. 이런 식으로 곳곳에서 아이를 낳지 말라고 홍보하고 있다.[12]

2. 기독교인으로서 결혼과 임신을 어떻게 생각해야 할까요?

◇◇◇◇ 서로 토론하며 의견을 나눈다. 하나님은 처음부터 결혼을 통해 한 남자와 한 여자가 서로를 신뢰하고 영적, 정신적, 육체적으로 연합하기를 원하셨다. 결혼을 통해 두 사람은 그 누구도 깰 수 없는 관계가 되는 것이다.

자녀는 하나님이 주신 귀한 축복의 선물이다. 많은 자녀를 낳고, 그 자녀들이 하나님의 백성이 되어 행복하게 살며, 하나님께 영광 돌리며 하나님을 경외하는 민족이 되기를 원하신다.

남녀 생식기관을 배워 봅시다 ◇◇◇◇◇◇◇

여학생들은 여성 생식기관을 배우고, 남학생들은 남성 생식기관을 배운다. 남자반, 여자반으로 나누어서 진행한다.

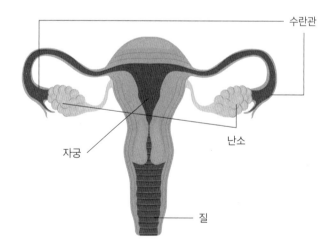

수란관

자궁

난소

질

여성의
생식기관

난소	난자가 있는 곳. 태어날 때 일정 양의 난포를 가지고 태어남. 난포를 임신이 가능한 성숙한 난자로 만드는 곳. 난소는 딸기 정도의 크기
수란관	양쪽으로 뻗어 있는 관으로 난자가 난소로부터 자궁까지 이동하는 통로
자궁	임신 기간 동안 태아가 자라며 영양을 공급받는 장소. 자신의 주먹만 한 크기
질	자궁의 아랫부분에 있는 근육질의 관으로 출산할 때 아기가 나오는 통로

우리 몸은 하나님이 만드셨다. 하나님이 아담과 하와를 만드시고 보시기에 좋다고 하셨을 때 생식기관을 포함한 모든 것을 보시고 말씀하신 것임을 설명해 주라. 창조주이신 하나님이 만드신 생식기의 각 기관마다 하나님의 놀라운 섭리가 있음과 생명을 잉태하기 위하여 준비하신 몸임을 가르치는 기회가 되기를 소망한다.

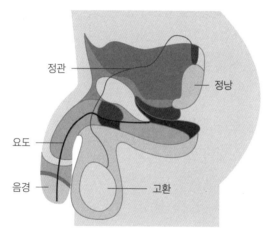

정관
정낭
요도
음경
고환

남성의
생식기관

정관	부고환과 정낭을 이어주는 관. 정자의 이동 통로로 음경까지 도달한다.
요도	정자와 정액, 그리고 소변의 배출구
정낭	성액의 일부를 분비하며 이 분비액은 정자가 잘 나갈 수 있도록 활동력과 영양을 공급함
고환	성호르몬(테스토스테론)을 분비하고 정자를 만드는 곳
음경	요도를 둘러싸고 있으며 소변과 정액을 배설하는 역할

집에 돌아가 배운 것을 복습하게 한다.

1. 나의 몸에 대하여 새롭게 배운 점이 있다면 무엇인가요? 다른 성에 대해 새롭게 배운 것은 무엇인가요?

여러 답이 나올 수 있다. 리더가 의견을 잘 취합하여 정리한다.

2. 우리가 하나님의 형상으로 창조되었다는 것은 무슨 의미인가요?

하나님이 그분의 형상으로 우리를 창조하셨다는 것은 우리가 하나님과 같은 존재라는 것이 아니라 닮았다는 의미이다. 하나님의 지적인 능력, 곧 기계를 발명하고 멋진 빌딩을 만들고 음악을 만드는 것은 하나님의 지적인 능력을 보여 주는 것이다. 또한 우리는 하나님의 거룩의 형상을 닮은 존재이다. 처음에 아담과 하와는 의롭고 결백한 상태로 지어졌는데 이것은 하나님의 거룩함을 나타낸다. 그후 죄로 인해 하나님의 형상이 많이 손상되었지만 우리에게 있는 양심이나 도덕적 기준은 하나님의 거룩함을 가졌던 흔적이 아직 남아 있는 것이다. 지금의 우리에게는 하나님의 형상이 있지만 죄로 인해 손상된 상태다.

3. 사람과 동물의 차이점은 무엇입니까?(5가지)

① 사람에게 영을 주심(전 12:7) - 동물은 육체만 있다.

② 하나님과 대화할 수 있음(렘 29:12) - 사람은 영적인 존재이기 때문에 하나님과 기도를 통해 대화할 수 있다.

③ 사람은 자유의지가 있음(마 22:37) - 하나님을 사랑하는 것은 로봇처럼 되는 게 아니라 우리의 의지로 하나님을 사랑하는 것이다.

④ 사람은 하나님의 목적을 위하여 창조되었음(시 57:2) - 아무렇게나 사는 게 아니라 하나님이 나에게 주신 목적에 맞게 살아야 한다.

⑤ 사람은 영원히 사는 존재로 창조되었음(요 3:16) - 예수님을 믿으면 천국에서 영원히 살게 되지만 예수님을 믿지 않으면 영원히 지옥에서 살게 된다.

4. 하나님이 인간을 남자와 여자로 구별하여 만드신 세 가지 이유는 무엇입니까? 하나님은 남자와 여자에게 다른 생식기관을 주셨습니다. 그 이유가 무엇인가요?.

출산과 번식 / 결합 / 즐거움

5. 영화 <용기와 구원>(Courageous)을 구입해 부모님과 같이 시청하고 느낀 점을 나누어 보세요. 학생용 책에 영화 감상문을 작성하세요.

제2과

나를 경이롭게
만드신 하나님

요점	1. 하나님은 우리를 경이롭게 만드셨고 영적 존재로 지으심
	2. 하나님은 우리가 하나님과 소통할 수 있도록 만드심
	3. 우리가 엄마 배 속에 태아로 있었을 때에도 우리를 아셨음

암송구절	내가 주께 감사하옴은 나를 지으심이 심히 기묘하심이라 주께서 하시는 일이 기이함을 내 영혼이 잘 아나이다 시편 139장 14절

프로그램 순서		소요시간 2시간	설명
소그룹	1과 복습	10분	숙제 점검하면서 다시 한 번 복습하기
전체 그룹	암송구절 게임	20분	옷걸이를 이용하여 게임하기
전체 그룹	태아의 발달 과정	10분	'태아의 발달과정'에 관한 유튜브 영상이나 DVD를 구입하여 시청하기
전체 그룹	성경공부 "나를 경이롭 게 만드신 하나님"	20분	전체 인솔자가 인도
소그룹	소그룹 나눔 시간	10분	
소그룹 / 전체 그룹	토론 시간	15분	각 그룹 선생님/ 두 명의 리더가 인도
전체 그룹	임신 체험 "엄마 감사해 요" 1. 임신 체험 2. 임신 기간 의 증상	15분	까나리액젓, 작은 컵
소그룹	3. 부모에게 편지 쓰기	10분	예쁜 편지지, 잔잔한 음악
전체 그룹	숙제 공지 / 기도	10분	한주 동안 해야 할 숙제 알려 주기

제1과 복습

※ 하나님이 인간을 남자와 여자로 구별하여 만드신 세 가지 이유는 무엇입니까? 하나님은 남자와 여자에게 다른 생식기관을 주셨습니다. 그 이유가 무엇인가요?

① 출산과 번식을 위해(창 1:28)

② 하나 됨을 위해(창 2:24-25)

③ 즐거움을 위해(잠 5:18-19)

◇◇◇◇ 리더는 1과 숙제에서 이야기한 부분을 좀더 설명해 준다.

암송구절 게임

준비물

옷걸이(그룹 수만큼), 나무 빨래집게(16개×그룹 수), 라벨지(A4용지로 80칸짜리), 까나리
액젓 한 통(작은 것), 종이 컵(그룹 수만큼), 예쁜 편지지와 봉투(학생 수만큼)

각각의 암송구절을 라벨지에 인쇄한 후 빨래집게 하나마다 한 어절씩 붙인다(번
호는 제외-#1내가 #2주께 #3감사하옴은 #4나를 #5지으심이 #6심히 #7기묘하심이라 #8주께서
#9하시는 #10일이 #11기이함을 #12내 #13영혼이 #14잘 #15아나이다 #16시편 139장 14절).

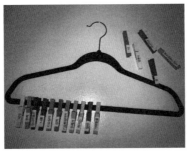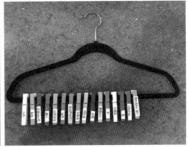

게임 방법

① 각 그룹의 선생님들이 옷걸이를 들고 앞에 선다.

② 학생들이 그룹별로 한 줄씩 서 있다가 신호가 울리면 한 명씩 뛰어가서 빨래

집게 하나를 찾아 옷걸이에 순서대로 끼운다.

③ 성경구절을 순서대로 제일 먼저 완성한 팀이 우승한다.

게임 규칙

만약 실수로 집게를 다른 자리에 끼웠다면 다른 학생이 자기 차례에 다시 끼울 수 있다.

태아의 발달과정을 공부해요

Teaching Point

※ 태아의 발달과정 영상을 보세요.

◇◇◇◇ 유튜브에서 '태아의 신비'를 검색하여 배 속에서 아기가 어떻게 자라는지를 학생들과 함께 시청한다. DVD를 구해 시청하는 방법도 좋다. 시간상 10분 내외의 영상을 선택한다.

"생명은 언제부터입니까? 인간의 생명은 언제 시작합니까?" 이러한 질문을 학생들에게 해보라. 그러면 대부분의 학생들이 아기가 태어났을 때부터라고 대답할 것이다. 그러나 성경은 임신한 순간부터 생명이라고 말하고 있다. 학생들의 인식을 바로잡아 주라.

성경공부 "나를 경이롭게 만드신 하나님"

준비물

양귀비 씨앗, 강낭콩, 레몬, 당근, 양배추, 코코넛, 허니듀 멜론, 늙은 호박 또는 수박 등.

"심콩이"(12주 태아 모형: 네이버에서 검색)를 구입하여 학생들에게 나눠 주기

◇◇◇◇ 영상을 본 후 각각의 씨앗과 채소, 과일을 준비하여 학생들이 만져 보게 한다. 선생님들이 태아의 각 발달과정을 설명한다.

하나님은 예레미야 선지자가 모태에 지어지기도 전에 그를 알았다고 말씀하셨다(렘 1:5). 그리고 태에서 나오기도 전에 예레미야를 구별하여 열방의 선지자로 세웠다고 하셨다. 아기가 태어나기 전부터 하나님이 아셨다는 말씀이다. 그렇다면 이 태아를 하나님이 얼마나 귀하게 생각하시겠는가? 세례 요한은 태어나기 400년 전에 말라기 선지자가 예언한 사람이다. 하나님은 우리 한 사람 한 사람에게 정말 큰 관심을 가지고 계시다.

· 4주차 태아: 양귀비 씨앗만큼 작은 크기다. 이때는 거의 눈에 보이지도 않는 작은 형태다. 하지만 머리와 몸통이 나뉘고, 그 안에 어떤 부분이 내장이 될 것인지, 어떤 부분이 골격이 될 것인지 정해진다.

· 5주차 태아: 콩깨만 한 크기가 된다. 이때 태아는 세 영역으로 나뉘는데, 예를 들면, 한 층은 간, 방광, 췌장, 폐, 다른 한 층은 근육, 심장, 콩팥, 림프, 혈액, 그리고 또 다른 한 층은 머리, 피부, 손톱, 눈, 코, 귀, 뇌 등으로 나뉘는 것이다. 너무나 작은 생명체이지만 이 안에 모든 정보들이 들어 있고, 신체를 형성할 준비를 하고 있다. 탯줄이 형성되기 시작한다.

1개월

2개월

3개월

4개월

5개월

· 8주차 태아: 강낭콩 크기가 된다. 강낭콩을 준비해서 테이블 위에 놓고 학생들이 그것을 만져 보게 하면서 설명하라. 8주가 되었을 때 태아는 눈꺼풀과 호흡기가 생긴다. 아기의 손은 심장 쪽으로 모아질 수 있도록 길어지며 무릎이 생긴다.

· 14주차 태아: 레몬 크기가 된다. 학생들이 돌아가면서 레몬을 한 번씩 만져 보도록 한다. 이 시기에는 지문이 생긴다. 만약 14주 태아의 성별이 여아라면 배 속에 어린 난자가 생긴다. 평생 동안 배란이 될 200만 개의 난자가 생긴다고 한다. 이때 태아의 머리 사이즈가 몸의 3분의 1이 된다.

· 21주차 태아: 당근 크기가 된다. 임신 20주가 되면 대부분 태아가 듣기 시작한다. 그래서 이때부터 책이나 성경을 읽어 주고, 기도하면 아기는 듣는다. 21주가 되면 눈썹이 생긴다.

· 27주차 태아: 흰꽃양배추(콜리플라워) 크기가 된다. 이때 태아는 머리카락이 자라기 시작한다. 그리고 입으로 숨을 쉰다. 이는 사실 호흡을 하는 건 아니다. 태아는 탯줄을 통해서 호흡하지만 입으로 숨을 쉬는 이유는 폐를 준비시키기 위해서이다. 엄마 배 속에서 나갔을 때 숨을 쉬어야 하기 때문에 미리 준비하는 것이라고 할 수 있다. 이 시기의 태아는 소리에 민감하게 반응한다. 그래서 배 속에서 발로 차고 움직인다. 누가복음 1장 41-43절을 보면 예수님의 어머니 마리아가 세례 요한의 어머니 엘리사벳 집을 방문했는

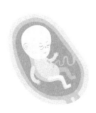   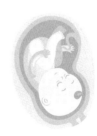

6개월   7개월   8개월   9개월

데, 문안하는 소리를 들은 세례 요한이 자궁 안에서 기뻐 뛰어 놀았다고 했다. 아기도 감정, 기쁨이 있고 의지가 있음을 알 수 있다. 그리고 27주가 된 태아는 저녁에 자고 아침에 일어나는 일들을 일상적으로 한다.

· 31주차 태아: 코코넛 크기가 된다. 이때 머리나 팔, 다리를 돌릴 수 있다. 이 시기는 태아의 움직임이 한창 많을 때다.

· 35주차 태아: 허니듀 크기가 된다. 대부분의 신체 기관이 완성된다.

· 40주차 태아: 수박만 한 크기가 된다. 이때부터 태아의 머리카락이 많이 자란다. 그리고 머리를 아래로 하고 밖으로 나올 준비를 한다. 머리가 밑으로 내려오지 않으면 출산 시 매우 위험하다. 아이가 나올 때를 알고 몸의 위치를 바꾼다는 것만으로도 신묘막측한 일이다.

소그룹 나눔 시간

1. 태아에 대해 새롭게 알게 되거나 배운 점, 느낀 점은 무엇입니까?

하나님이 인간을 창조하실 때 참으로 오묘하게 만드셨다. 아기의 생성 과정만 봐도 얼마나 신기하게 우리 몸 구석구석을 만드셨는지 알 수 있다. 하나님이 태아를 얼마나 소중하게 생각하시는지 느낄 수 있다.

2. 엄마 배 속에 있는 기관으로 태아가 성장하는 곳의 이름은 무엇입니까?

자궁

3. 태아가 다 자라서 출산할 때까지 평균 몇 주가 걸립니까?

39~40주(280일)

4. 태아는 자궁 안에서 어떻게 영양분을 공급받나요?

엄마의 몸과 연결된 탯줄을 통해 영양분을 공급받는다.

◇◇◇◇ 탯줄은 태아와 태반 사이에서 산소와 영양분을 태아에게 공급하고, 이산화탄소와 불순물들을 밖으로 내보내는 중요한 역할을 한다. 엄마의 몸에서 만들어진 항체가 탯줄을 통해 태아에게 전해져서 면역력을 좋게 하는 역할도 한다. 탯줄에는 신경 세포가 없기 때문에 태어날 때 잘라도 산모는 물론 태아도 아픔을 못 느낀다.

5. 아기는 엄마의 배 속에서 어떻게 나오나요?

아기는 엄마의 질을 통해 나온다. 소변과 대변의 통로가 아닌 하나님이 따로 만드신 길이 있음을 볼 때 하나님의 지혜와 섬세하심을 알 수 있다(아기가 나올 때 이 길은 넓어지고 아기가 나온 후 수축된다).

토론 시간   ◇◇◇◇◇◇◇

1. 배 속의 태아에게 영혼이 있다고 생각하나요?(참고, 시 139:13; 렘 1:5)

네.

◇◇◇ 성경구절을 함께 찾아 읽어 본다.

> 주께서 내 내장을 지으시며 나의 모태에서 나를 만드셨나이다
> 시편 139:13
>
> 내가 너를 모태에 짓기 전에 너를 알았고 네가 배에서 나오기
> 전에 너를 성별하였고 너를 여러 나라의 선지자로 세웠노라 하
> 시기로 예레미야 1:5

하나님은 우리가 엄마 배 속에 있을 때는 물론 태아로 만들어지기 전부터 알고 계셨다. 하나님은 우리를 향한 놀라운 계획을 가지고 계시다. 그러므로 태아에게는 영혼이 있다.

---

2. 만약 3주 된 배 속의 아기가 죽었다면 그 아기는 천국에 갔다고 생각하나요, 아니면 지옥에 갔다고 생각하나요?

◇◇◇ 다음의 옵션 1과 옵션 2 중에 하나를 택하여 두 그룹이 토론하게 한다. 각 그룹의 학생들이 성경을 찾아 서로 발표하게 하라. 한 명씩 나와서 발표하면 상대방이 질문하고 답을 하는 식으로 토론을 해서 학생들의 기억에 남게끔 이야기를 이끌어라. 답은 옵션 2다.

옵션 1: 자신의 죄를 회개하지 않고 예수님을 영접하지 않았기 때문에 지옥에 간다. (참고: 행 4:12, 16:30-31; 요 14:6)

다른 이로써는 구원을 받을 수 없나니 천하 사람 중에 구원을 받을 만한 다른 이름을 우리에게 주신 일이 없음이라 하였더라 행 4:12

그들을 데리고 나가 이르되 선생들이여 내가 어떻게 하여야 구원을 받으리이까 하거늘 이르되 주 예수를 믿으라 그리하면 너와 네 집이 구원을 받으리라 하고 행 16:30-31

예수께서 이르시되 내가 곧 길이요 진리요 생명이니 나로 말미암지 않고는 아버지께로 올 자가 없느니라 요 14:6

옵션 2: 태아는 배 속에서 아무것도 할 수 없다. 죄를 자백하거나 예수님을 영접할 능력이나 기회가 없는 상태이다. 하지만 아기가 순진하여 아무것도 모르기 때문에 구원을 받는 것이 아니라 하나님의 자비로 아기는 구원을 받을 것이라고 믿는다.(참고: 신 1:39; 삼하 12:23; 막 10:14; 엡 2:4-5)

또 너희가 사로잡히리라 하던 너희의 아이들과 당시에 선악을 분별하지 못하던 너희의 자녀들도 그리로 들어갈 것이라 내가 그 땅을 그들에게 주어 산업이 되게 하리라 신 1:39 - 구원의 언약을 통하여 하나님을 알지 못한 자녀들에게도 땅을 약속하심.

지금은 죽었으니 내가 어찌 금식하랴 내가 다시 돌아오게 할 수 있느냐 나는 그에게로 가려니와 그는 내게로 돌아오지 아니하리라 하니라 삼하 12:23 - 다윗왕이 어린 아들이 죽은 후에 한 말.

예수께서 보시고 노하시어 이르시되 어린 아이들이 내게 오는 것을 용납하고 금하지 말라 하나님의 나라가 이런 자의 것이니라 막 10:14

긍휼이 풍성하신 하나님이 우리를 사랑하신 그 큰 사랑을 인하여 허물로 죽은 우리를 그리스도와 함께 살리셨고 (너희는 은혜로 구원을 받은 것이라) 엡 2:4-5

태아가 죽으면 지옥에 간다고 선택한 학생들은 예수님을 믿지 않으면 지옥에 간다고 이야기할 것이다. 태아가 예수님을 영접하지 않았기 때문에 지옥에 갈 것이라고 생각할 수 있다. 태아가 천국에 간다고 답하는 학생들은 아기가 죄를 짓지 않았기 때문에 천국에 간다는 식으로 이야기할 것 같다. 이 과정을 통해 학생들은 자신이 얼마나 말씀을 모르는지 깨닫게 된다. 이 토론회를 통해 여러 말씀을 접하면서 하나님의 뜻을 알게 된다.

성경에서 분명하게 태아가 죽으면 천국 간다고 이야기한 구절은 없다. 하지만 예수님이 너희가 어린아이와 같지 않으면 천국에 못 간다는 얘기를 하셨고(막 10:14), 또 다윗이 밧세바와 간음하여 낳은 아이를 하나님이 데려가시는(삼하 12:23) 장면을 보면 그가 슬픔에 겨워 울다가 "나는 그에게로 가려니와 그는 내게로 돌아오지 아니하리라"고 이야기한다. 그 아이가 어려서 예수님을 영접하지 않았을 가능성이 많음에도 불구하고 분명히 하나님께로 갔음을 짐작할 수 있다.

여기까지 진행하다 보면 학생 중에 "배 속에 있는 아기는 원

죄가 없겠네요. 그러니까 천국 가는 것 아닌가요?"라고 물어볼 수 있는데 그것은 아니다. 원죄는 누구에게나 다 있다. 태아에게도 원죄는 있다. 하지만 태아가 무슨 일을 하거나 하지 않아서가 아니라 하나님의 은혜로 말미암아 구원받는 거라고 생각한다. 하나님은 공평하고 의로우시며 사랑이시다. 이런 하나님이 태아에게 '너는 나를 믿지 않았기 때문에 그냥 지옥에 가라'고 하시진 않을 거라 생각한다. 오히려 이런 아이들을 하나님이 건져 주실 거라고 소망하고 또 믿는다.

임신 체험 "엄마 감사해요"

1. 임신 체험하기

준비물

부모님 준비: 아이가 태어났을 때 무게와 비슷한 큰 과일(수박이나 허니듀 멜론)과 500ml짜리 물병 4개(2kg)를 자녀의 가방 안에 넣어 보낸다.

1. 가방(백팩) 안에 부모님이 준비한 과일(수박, 허니듀 멜론 등)과 물병 (500ml) 4개가 있을 것입니다. 자기가 태어날 때의 몸무게와 가장 비슷한 무게입니다. 준비한 가방을 각자 앞쪽으로 매세요. 가방 안에 있는 과일은 아기를 상징하므로 잘못 다루면 깨지기 쉽습니다. 이 시간에는 각자 조심히 아기를 지키며 다음 행동을 해보세요.
예) 찬양과 율동하기, 계단 오르기, 바닥에 누웠다가 일어나기, 신발 끈

풀었다가 매기, 반복해서 앉았다 일어나기, 의자 옮기기 등

◇◇◇◇ 학생들이 임신 체험을 한 후 리더가 학생들에게 다음과 같이 이야기한다.

"임신을 하면 몸이 무거워져서 일상생활하기가 힘들어져요. 그렇다고 엄마가 '아니, 이 아기는 왜 이리 무거운 거야. 왜 이렇게 숨 쉬는 것도 힘들게 해' 하면서 짜증을 내지 않습니다. 오히려 배 속의 여러분이 다칠까 힘들까 더 염려하지요."

"아빠와 엄마만 살다가 한 명 더 늘어 세 명이 사는 것은 쉬운 일이 아닙니다. 집안의 가구 배치를 비롯해 모든 것이 태어날 아기 위주로 바뀌게 됩니다. 그럼에도 아빠 엄마는 콧노래를 하며 즐거움으로 아기를 기다립니다."

"아침에 일어날 때마다 구토를 한다면 얼마나 힘들까요? 밤에 앉아서 자야 하면 얼마나 힘들까요? 끊임없이 허리가 끊어지는 통증으로 고생하고, 다리는 퉁퉁 부어 있다면요? 그런 엄마가 안쓰러워 허리와 다리를 주무르는 아빠는 얼마나 힘들었을까 상상해 보세요. 9-10개월(약 40주)을 아들, 딸 만날 생각에 힘든 것도 참아 내면서 하루하루를 보낸답니다."

2. 임신 기간의 증상

임신 기간의 증상은 다음 표와 같습니다. 엄마를 생각하며 읽어 보세요.

1개월	피로감, 잦은 소변, 발열 증상이 있음.
2개월	소화불량, 자주 체함, 가슴이 딱딱해짐.
3개월	어지러움과 구역질을 느낌.
4개월	배가 자주 고프며 살이 찌기 시작함. 배가 커지면서 살이 틈.
5개월	헛배가 부르며 변비가 생김.
6개월	척추와 등의 고통, 손과 발이 부음.
7개월	다리와 발에 경련이 옴.
8개월	숨이 가쁘고 잠을 깊게 못 잠.

◇◇◇◇ 임신했을 때의 증상을 리더 중 한 명이 나와서 발표한다(자녀가 있는 리더가 하는 것을 권장함). 까나리액젓을 작은 컵에 담아서 학생들에게 한 명씩 냄새를 맡아 보게 한다(임신했을 때 냄새 나는 음식을 대하면 엄마는 까나리액젓 같은 냄새를 느낀다고 설명한다). 임신했을 때 속이 울렁거리고 입맛도 떨어지고 토할 것 같은 증상이 있는 경우가 많다. 오늘은 냉면이 맛있었다가 다음날은 냉면 냄새에 토할 것 같은 증상도 있을 수 있다. 임산부마다 증상이 다르다.

3. 부모에게 감사의 편지 쓰기

준비물: 편지지

◇◇◇◇ 잔잔한 음악을 틀어 학생들이 부모에게 진심으로 감사하는 마음을 담아 편지를 쓸 수 있는 분위기를 만들어 준다. 다 쓴 편지는 걷어 두었다가 수료식 때 나누어 준다(봉투에 학생 이름을 꼭 쓴다).

제2과 숙제 ◇◇◇◇◇◇◇◇

1. 엄마 배 속에 있는 기관으로 태아가 성장하는 곳의 이름은 무엇인가요?

   자궁

2. 태아가 다 자라서 출산할 때까지 자궁에서 평균 몇 주간 있어야 하나요?

   39~40주(280일)

3. 태아는 자궁 안에서 어떻게 영양분을 공급받나요?

   엄마의 몸과 연결된 탯줄을 통해 영양분을 공급받는다.

4. 태아는 배 속에서 어떻게 배설할까요? (온라인으로 답을 찾아 보세요)

   탯줄을 통해 받은 영양소는 엄마의 몸에서 이미 소화가 된 영양분이다. 즉, 노폐물이 거의 없는 완전한 영양소를 받게 된다. 따라서 태아는 배 속에서 변을 보지 않는다. 혹 변을 본다 해도 우리가 생각하는 변과는 완전히 다른 성분의 액체 상태로 태아 몸에 해롭지 않다.

5. 태아는 배 속에서 소변을 보나요?

태아의 오줌은 우리가 알고 있는 오줌과는 다른 영양수라고 이해하면 된다. 비타민 물이라고 생각하면 된다. 그래서 오줌이 태아의 입에 들어갔다 나와도 태아에게 해롭지 않다.

6. 배 속의 태아에게 지문이 있나요? 언제부터 지문이 생기나요?

지문이 있다. 13주부터 지문이 형성되기 시작해서 17주가 되면 완전히 만들어진다.

7. 태아는 언제부터 아빠의 소리를 들을 수 있나요?

20주부터

8. 나를 임신했을 때 가장 힘들었던 증상이 무엇이었는지 엄마에게 물어보고 감사의 마음을 표현해 보세요.

9. '사랑의 언어 테스트'를 해보세요(큐알 참고, https://love-lang-test.netlify.app/). 본인뿐 아니라 부모님의 사랑의 언어도 알아보세요(3과를 위해 필요).

사랑의 언어 테스트

10. 영화 <사랑의 도전>(*Fireproof*)을 구입해 부모님과 같이 시청하고 느낀 점을 나누어 보세요. 학생용 책에 영화 감상문을 작성하세요.

═══ 제3과
현숙한 여자와 믿음의 남자로
훈련시키시는 하나님

요점	1. 남자와 여자가 되어가는 과정(사춘기 발달 과정)
	2. 믿음의 남자와 현숙한 여자로 훈련되는 과정

암송구절	남자: 깨어 믿음에 굳게 서서 남자답게 강건하라 너희 모든 일을 사랑으로
	행하라 고린도전서 16장 13-14절
	여자: 고운 것도 거짓되고 아름다운 것도 헛되나 오직 여호와를 경외하는
	여자는 칭찬을 받을 것이라 잠언 31장 30절

프로그램 순서		소요시간 2시간	설명
소그룹	2과 복습	10분	숙제 점검하면서 다시 한 번 복습
전체 그룹	암송구절 게임	20분	CD나 종이 접시를 이용하여 게임
남자반 /여자 반 나눔	사춘기 발달 과정	15분	리더들이 하나씩 주제를 준비
남자반 /여자 반 나눔	사랑의 선물 나눠 주기	5분	각 그룹에서 부모님에게 받은 선물을 학생들에게 나눠 주기
전체 그룹/ 소그룹	사랑의 언어 알아보기	20분	전체 인솔자가 인도
전체 그룹	성경공부 "현숙한 여자와 믿음의 남자로 훈련시키시는 하나님"	20분	전체 인솔자가 인도
전체 그룹	액티비티 "상자에 무엇이 들어 있을까?"	20분	전체 인솔자가 인도
전체 그룹	숙제 공지 / 기도	10분	한주 동안 해야 할 숙제 알려 주기

※ 세족식은 옵션 프로그램이므로 진행 여부를 교회에서 리더가 결정한다.

제2과 복습

1. 제2과 숙제를 토론한다.

2. 1-2과에서 외운 암송구절을 복습한다.

___준비물___

안 쓰는 CD(가능한 한 많이), 라벨지(A4용지로 30칸짜리), CD꽂이(그룹당 하나씩)

① 남자 여자의 암송구절을 라벨지에 인쇄한 후 CD 한 장에 각각 한 단어씩 붙인

다(번호는 제외-남자: #1"깨어 #2믿음에 #3굳게 #4서서 #5남자답게 #6강건하라 #7너희 #8모

든 #9일을 #10사랑으로 #11행하라" #12고전 16:13-14 / 여자: #1고운 #2것도 #3거짓되고

#4아름다운 #5것도 #6헛되나 #7오직 #8여호와를 #9경외하는 #10여자는 #11칭찬을 #12받

을 #13것이라" #14잠 31:30).

② 빈 CD 꽂이를 중간에 놓고, CD들은 섞어 놓는다.

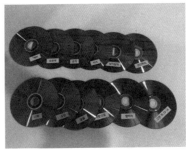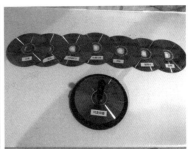

___게임 방법___

① 학생들을 3~4명씩 팀으로 나누고 한 팀당 학생 수만큼 CD를 준다.

② 각 팀에서 한 명씩 CD가 섞여 있는 곳으로 뛰어가서 암송구절 순서에 맞는 단
어가 적혀 있는 CD를 찾게 한다.

③ 찾은 CD를 꽂이에 끼우고 돌아오면 다음 사람이 나가서 똑같이 한다.

④ 게임을 하는 동안 학생들에게 남자, 여자 성경 구절을 모두 외우게 한다.

⑤ CD를 성경 암송구절 순서대로 먼저 CD 꽂이에 끼운 팀이 이긴다.

Note)
CD를 구하기 힘든 경우에는 종이 접시(색이 다른 예쁜 일회용 접시)로 대체해도 좋다.

하나님은 우리 자녀들을 현숙한 여자와 하나님이 쓰시는 믿음의 남자로 훈련시키신다. 이번 과에서는 현숙한 여자와 믿음의 남자로 훈련되는 과정에 초점을 맞춰서 가르치길 바란다.

하나님의 성품은 거룩하심, 자비하심, 사랑하심, 용서하심, 정직하심, 지혜로우심, 보호하심, 동일하심, 신실하심 등 이루 헤아릴 수 없이 많다. 그야말로 완전한 성품을 가지셨다. 그러나 하나님은 인간을 만드실 때 그 성품을 완벽하게 주시지 않았다. 남성적인 면과 여성적인 면을 나누어서 남자와 여자에게 각각의 성품을 주셨다. 따라서 남자와 여자가 하나 되었을 때 우리는 하나님의 완전하심을 경험하게 된다. 그런데 인간에게 죄가 들어오면서 남자와 여자에게 있던 하나님의 형상들이 손상을 입었다. 우리는 예수님을 믿음으로써 하나님의 완전한 성품을 조금씩 배우며 성화되어야 한다. 우리가 죄인이기 때문에 완벽하게 변화될 수는 없겠지만 예수님을 믿음으로 말미암아 하나님의 성품을 닮아 가야 한다는 것을 꼭 가르쳐 주어야 한다.

그렇다면 하나님이 쓰시는 믿음의 남자, 현숙한 여자는 어떤 사람인가? 또 그런 사람이 되려면 어떻게 훈련해야 하는가? 여기서 '훈련'이라는 말을 쓴 이유는 학생들에게 가르칠 때 믿음의 남자와 현숙한 여자가 되려면 훈련이 필요하다는 것을 알려 주기 위해서다. 나이가 스무 살이 되었다고 하루아침에 현숙한 여자, 믿음의 남자가 되는 것이 아니다. 나이가 들고 오랫동안 교회를 다녀도 이기적이고 자만하며 미성숙한 사람일 수 있다. 그래서 훈련이 필요하다.

학생들에게 하나님의 성품을 가진 남자와 여자가 되기를 소망해야 하며, 또 그러한 상대를 만나게 해달라고 기도해야 한다는 것을 가르쳐 주라.

하나님의 자녀들은 하나님이 주신 재능과 시간과 건강 등을
잘 관리하고 발전시켜서 하나님께 쓰임 받는 사람이 되어야 한다.
만약에 자기 마음대로, 자기가 하고 싶은 대로만 하면서 산다면
믿음의 남자, 현숙한 여자가 될 수 없다. 기독교인이라 하더라도
그런 삶을 산 사람들은 하나님 앞에 섰을 때 심판이 기다리고 있
다. 훈련되지 않은 남자를 만난 여자는 불행할 수밖에 없고, 훈련
되지 않은 여자를 만난 남자 역시 불행할 수밖에 없다.

사춘기 발달 과정

이 시간에는 남자아이들과 여자아이들이 사춘기를 지나며 신
체적으로 성장하는 과정을 배운다. 여자와 남자로 그룹을 나누어
서 다른 공간에서 진행한다.

1. 남자반: 믿음의 남자로 자라는 과정의 신체 변화

남자들은 대개 12-13세 사이에 사춘기가 시작되어 14-16세
에 절정을 이룬 다음, 17-19세 사이에 끝난다.

털이 자람   가늘고 작은 솜털이 온몸에 나기 시작하고,
음모와 겨드랑이에는 두껍고 길며 어두운 색의 털이 남
· 털의 기능:
1. 몸에서 습기를 내보내고 마찰을 줄이며 몸의 온도를 조절함
2. 먼지, 꽃가루, 박테리아로부터 보호
3. 음모의 털은 박테리아로부터 피부를 보호함

몸이 커짐	남성 호르몬(테스토스테론)이 나와서 몸의 변화가 생김
	
	1. 어깨가 넓어짐
	2. 근육이 발달함
	3. 키가 자람
	4. 고환과 음경, 음모가 발달함
	5. 골밀도가 높아짐
	6. 얼굴의 턱, 볼, 코가 커지고 눈썹이 짙어짐
	    ※ 사람마다 자라는 속도가 다를 수 있음
	    ※ 건강하게 먹고 규칙적으로 운동하는 것이 중요함

목소리가 굵어짐	1. 남성 호르몬에 의해 목소리가 깊고 굵어짐 2. 사춘기 시작부터 2~3년 정도 목소리가 갈라지는 현상이 나타남 3. 후두가 굵고 길어짐 ※ 목소리의 변화가 있을 때 장난으로 목소리를 남용하면 안 됨

일반적인 변화	1. 여드름: 호르몬의 변화로 피지선이 확장되고 피지 분비가 급격히 증가함
	   · 여드름의 원인은 호르몬, 탄수화물 음식, 단 음식, 스트레스
	2. 반항적 태도를 보일 수 있음
	   · 사춘기는 정신적, 감정적으로 어른처럼 성숙해지는 시간
	   · 갑작스러운 뇌의 발달로 혼동과 좌절이 올 수 있음
	   · 나쁜 태도는 심리적, 사회적 발달이 진행됨에 따라 나타날 수 있음
	   · 적극적이거나 수동적인 반항이 일어날 수 있음
	   · 규칙과 사회 규범의 경계선을 시험하며 넘을 수 있음
	    ※ 깨끗하게 씻으면서 몸을 잘 관리하는 것이 중요함
	    ※ 사춘기라고 해서 부모에게 반항하고 친구들에게 무례하게 구는 것이 옳은 행동이라고 할 수 없다(하나님이 '절제'를 성령의 열매로 주신 것을 기억하자).

Teaching Point

남자반의 리더들은 신체 변화(털이 자람, 몸이 커짐, 목소리가 굵어짐 등)의 각 분야를 하나씩 맡아서 학생들 앞에서 발표하면 좋다. 털이 자라는 것을 표현할 때는 남자 선생님이 면도하는 모습을 직접 보여 주는 것도 좋은 방법이다.

2. 여자반: 현숙한 여자로 자라는 과정의 신체 변화

여자들은 보통 10-12세에 사춘기가 시작되어 13-15세에 절정을 이룬 다음, 17-18세 사이에 끝난다.

털이 자람	가늘고 작은 솜털이 온몸에 나기 시작하고,
	음모와 겨드랑이에는 두껍고 길며 어두운 색의 털이 남
	
	   · 털의 기능:
	   1. 몸에서 습기를 내보내고 마찰을 줄이며 몸의 온도를 조절함
	   2. 먼지, 꽃가루, 박테리아로부터 보호
	   3. 음모의 털은 박테리아로부터 피부를 보호함

Teaching
Point

여자반의 리더들은 신체 변화(털이 자람, 몸이 커짐, 가슴이 커짐, 생리가 시작됨 등)의 각 분야를 하나씩 맡아서 학생들 앞에서 발표하면 좋다. 다리나 겨드랑이를 면도할 때 주의사항도 알려 준다(털을 자르면 더 굵어진다는 것은 잘못된 정보다).
생리대의 종류와 착용에 대한 유튜브 동영상을 보여 주는 것도 좋다. 생리는 불결한 것이 아니고 생명을 잉태할 수 있는 여성이 되는 축복의 사인임을 알려 준다.

몸이 커짐	1. 여자아이들은 13-15세에 사춘기를 겪는다. 2. 난소에서 에스트로겐을 분비한다. 3. 엉덩이뼈가 굵어지고 몸의 체지방이 증가한다. ※ 원래 여성의 신체에는 남성보다 지방이 많다. 생리를 위해서는 일정량의 체지방이 필요하기 때문이다. 따라서 과다한 다이어트는 건강에 해롭다.
가슴이 커짐	1. 사춘기 동안 호르몬은 가슴을 커지게 한다. 2. 유방 조직이 발달한다. 아기를 낳은 후 모유를 생산할 수 있도록 준비시켜 주는 기간이다. ※ 가슴의 크기는 사람마다 다르기 때문에 큰 문제가 되지 않는다.
생리가 시작됨	1. 자궁은 아기가 생길 것을 대비해서 푹신한 층들을 자궁 안에 준비하지만 수정되지 않은 난자는 자궁벽에서 떨어져 나와 아주 깨끗한 피로 밖으로 배출되는데 이것을 생리 혹은 월경이라고 한다. 2. 생리는 28~35일 정도의 주기로 일어난다. ※ 생리를 시작하면 알맞은 패드를 착용하며 3~4시간마다 새로운 패드로 갈아 주는 것이 좋다. ※ 생리통이나 생리 전 증상 등이 있으며, 사람마다 다르게 나타난다.

3. 부모님이 준비한 사랑의 선물 나눠 주기

부모가 비밀로 준비한 선물을 여자 남자 따로 있는 자리에서 열어 보게 한다. 학생들에게 '여러분을 가장 사랑하는 사람에게서 온 선물'이라고 소개하고 다 같이 선물을 확인하게 한다. 각 그룹의 리더는 학생들에게 사용 방법 및 용도를 가르쳐 준다(부모는 미리 자녀 모르게 선물을 준비하여 첫 주에 각 리더에게 전달하도록 한다).

___ 부모님이 준비하는 선물

남학생 부모: 작은 선물 봉투에 탈취제(겨드랑이용), 면도용 크림, 면도기, 줄넘기 그리고 아들에게 쓴 사랑의 편지를 준비한다.

여학생 부모: 작은 선물 봉투에 생리대 주머니, 생리대 3개, 속옷(위생팬티), 물티슈 그리고 딸에게 쓴 사랑의 편지를 준비한다.

Teaching Point

데이트에서 소통은 굉장히 중요한 문제다. 언젠가 데이트를 하게 된다면 자기가 생각하는 사랑의 방법이 아니라 상대방의 사랑의 언어를 알아서 그 언어로 소통해야 한다. 이렇게 상대방을 배려하는 것은 아주 중요하다. 게리 체프먼은 《5가지 사랑의 언어》에서 사랑의 유형을 다섯 가지로 나누었다. 인정의 말, 소중한 시간, 선물 나누기, 헌신의 행동, 신체 접촉 등이 그것이다. 자신의 사랑의 언어와 상대방의 사랑의 언어가 무엇인지 안다면 갈등을 줄이고, 서로 이해하며 살 수 있을 것이다. 나 중심으로 살아가는 사람이 아닌 상대방의 다름을 존중하며 살아가는 방법을 배울 수 있다. 하나님은 사랑이시며, 예수님도 하나님과 이웃을 사랑하라고 하셨다. 이 세상은 우리가 진짜 기독교인인지 아닌지를 서로 사랑하는 모습을 보고 알게 될 것이다.

다음의 '5가지 사랑의 언어' 유형을 살펴보고 자기의 사랑의 언어가 무엇인지 나누어 보자.

본 내용은 게리 체프먼 (Gary Chapman)의 《5가지 사랑의 언어》를 토대로 만들었다.

이 순서를 맡은 선생님은 《십대의 5가지 사랑의 언어》(게리 체프먼, 생명의 말씀사 간)를 먼저 읽어 보고 학생들이 자신의 사랑의 언어가 무엇인지 알 수 있도록 수업을 이끌어 가면 더 효과적으로 수업을 진행할 수 있다.

사랑의 언어를 배우기 전에 학생들이 '사랑의 언어 테스트'를 통해 자신의 사랑의 언어를 알아보도록 한다(https://love-lang-test.netlify.app/ 에 접속[큐알 참고], 또는 구글에서 '사랑의 언어 테스트'를 검색하여 진행한다). 2과가 끝났을 때 숙제로 내주는 것도 좋다. 학생뿐 아니라 부모도 테스트해서 아이들이 부모의 사랑의 언어를 알아 오도록 한다.

5가지 사랑의 언어에는 어떤 것들이 있나요?

· <u>인정의 말</u>: 칭찬이나 높여 주는 말, 인정하는 말을 들으면 사랑을 느낌
· <u>소중한 시간</u>: 함께 보내는 시간이 많을수록 사랑을 느낌
· <u>선물 나누기</u>: 꼭 비싼 게 아니라도 선물을 주고받으면서 사랑을 느낌
· <u>헌신의 행동</u>: 다른 사람을 위해 봉사하고 섬김을 받을 때 사랑을 느낌
· <u>신체 접촉</u>: 악수나 가벼운 포옹을 할 때 사랑을 느낌

사랑의 언어 ▶
테스트

친구나 부모님, 형제 자매의 사랑의 언어를 알아내어 자주 표현해 주어야 한다. 나중에 이성친구에게도 적용할 수 있다.

5가지 사랑의 언어의 좋은 사례

· 인정하는 말: '사랑해, 고마워, 좋아, 잘했어, 최고야' 등 칭찬의 말 해주기, 대화 도중 끼어들지 말기, 포스트잇에 감사 내용을 써서 주기.

· 소중한 시간: 하던 일을 멈추고 그 사람과 함께 시간 갖기. 같이 빵 만들어 보기, TV를 끄고 보드게임이나 대화하기, 가족여행 하기.

· 선물 나누기: 선물의 가격이 아니라 그 안에 있는 마음을 더 생각함. 너무 많은 선물을 자주 주기보다 더 의미 있고 정성이 담긴 선물로 준비하기.

· 헌신의 행동: 요리해 주기, 생일선물 만들어서 주기, 안마해 주기 등.

· 신체 접촉: 안아 주기, 악수하기, 하이파이브 하기, 손잡기, 같이 손잡고 기도하기 등.

◇◇◇◇ 신체 접촉이 사랑의 언어라고 해서 선을 넘는 신체 접촉을 해서는 안 된다. 이는 사랑의 표현이 아닌 바운더리를 넘는 행동임을 알려 준다.

사랑의 언어 적용하기(소그룹)

1. 내가 좋아하는 사랑의 언어는 무엇인가요? 두 가지만 써보세요.

◇◇◇◇ 우리는 모두 다른 사랑의 언어를 가지고 있다. 5가지 사랑의 언어 중에 더 좋은 것, 더 중요한 것은 없다. 모두 귀한 언어들이다.

2. 내가 생각하는 엄마의 사랑의 언어는 무엇인지 생각해 보고 두 가지 정도만 써보세요.

◇◇◇◇ 많은 자녀가 부모의 사랑을 잘 느끼지 못한다. 사랑의 언어가 다르기 때문이다. 이 시간을 통해 부모는 어떤 사랑의 언어로 자녀들에게 사랑의 메시지를 전달하는지 알아보는 기회가 되도록 도와준다.

3. 내가 생각하는 아빠의 사랑의 언어는 무엇인지 생각해 보고 두 가지 정도만 써보세요.

◇◇◇◇ 2번 문제의 설명과 동일.

4. 나는 5가지 사랑의 언어 중 어떤 방법으로 부모님에게 사랑을 표현하나요?

◇◇◇◇ 자녀도 부모에게 자신의 사랑을 전달하지 못할 때가 있다. 마음속으로만 사랑한다고 생각하고 부모가 알아주겠거니 여기는 경우가 많다. 자녀도 부모에게 사랑의 언어를 효과적으로 말하고 행동하도록 가르치는 시간이 되어야 한다.

5. 부모님이 여러분을 사랑하지 않는다고 느꼈던 때는 언제인가요?

◇◇◇◇ 부모만의 사랑의 언어를 사용했기 때문에 자녀가 부모의 사랑을 느끼지 못했을 수도 있음을 나누는 시간을 가지라.

Note)
남편과 아내가 서로의 언어를 이해하지 못하면 굉장히 불행하다. 마찬가지로 자녀의 사랑의 언어를 부모가 알지 못하면 자녀도 불행하다. 이 시간을 통해 부모와 자녀가 서로의 사랑의 언어를 알아감으로 소통의 길을 열도록 돕는다. 그것이 건강한 성교육의 한 부분이다.

Note)
만약 시간이 허용된다면 사랑의 언어를 배운 후에 부모와 자녀의 세족식을 하면 좋다. 부모가 자녀를 위해, 자녀가 부모를 위해 기도하는 시간을 가지면 유익하다.

믿음의 남자, 현숙한 여자가 되기 위한 훈련에 나오는 항목들은 사실 남녀 모두에게 필요한 덕목이다. 학생들은 자기에게 부족한 부분을 체크해 보도록 인도한다.

남자 여자 같이 공부한다.

1. 하나님이 쓰시는 멋진 남자가 되는 훈련

① 거룩함의 훈련(살전 4:3-7)

> 하나님의 뜻은 이것이니 너희의 거룩함이라 곧 음란을 버리고 각각 거룩함과 존귀함으로 자기의 아내 대할 줄을 알고 하나님을 모르는 이방인과 같이 색욕을 따르지 말고 이 일에 분수를 넘어서 형제를 해하지 말라 이는 우리가 너희에게 미리 말하고 증언한 것과 같이 이 모든 일에 주께서 신원하여 주심이라 하나님이 우리를 부르심은 부정하게 하심이 아니요 거룩하게 하심이니 살전 4:3-7

우리는 구별된 존재로 하나님의 아들로 부르심을 받았다. 세상의 유혹을 따르는 삶이 아니라 거룩한 기독교인으로서 능력 있는 삶을 보여 주어야 한다.

◇◇◇◇ 죄와 싸우는 무기 중에 가장 강력한 것은 거룩이다. 거룩은 이 세상과 구별되어 세상 죄에 빠지지 않는 것, 세상 죄가 섞이지 않는 것이다. 우리가 완전히 죄를 짓지 않을 수는 없겠지만 노력은 할 수 있다. 반복되는 죄의 습관을 고쳐 나가면서 조금씩 하나님의 거룩에 가까워질 수 있다.

데살로니가전서 4장 3-7절을 읽어 보면, 하나님은 우리를 거룩하게 하려고 부르셨다는 것을 알 수 있다. 이성을 사귀거나 선택할 때 상대가 죄의 유혹을 박차고 나올 수 있는 사람인지, 거룩의 영향력을 가진 사람인지 꼭 살펴봐야 한다. 거룩함은 세상을 떠나 산속으로 들어갔을 때 발휘되는 것이 아니다. 세상 속에 살면서 그 영향력을 보여 주며 사는 것이 진짜 거룩한 삶이다. 세상 죄와 타협하지 않고 거룩함을 나타낼 수 있는 것, 그것이 진짜 거룩이다.

---

② 마음의 훈련(잠 4:23; 롬 12:2)

> 모든 지킬 만한 것 중에 더욱 네 마음을 지키라 생명의 근원이 이에서 남이니라 잠 4:23
>
> 너희는 이 세대를 본받지 말고 오직 마음을 새롭게 함으로 변화를 받아 하나님의 선하시고 기뻐하시고 온전하신 뜻이 무엇인지 분별하도록 하라 롬 12:2

무엇을 보고 듣느냐는 우리의 생각, 언어, 행동과 성품에 영향을 준다. 사탄은 한 사람의 마음을 지배하기 위해서는 그가 보고 듣는 것을 지배하면 된다는 사실을 알고 있다.

◇◇◇◇ 매일 자신의 마음을 점검하는 훈련을 해야 한다. 폭력적인 게임과 웹툰으로 마음이 가득 찬 사람은 하나님의 뜻을 알지도, 그

뜻대로 살지도 못한다. 사탄이 원하는 이 세상의 메시지들이 미디어를 통해 어떤 사람의 눈과 귀로 들어와서 마음을 점령하면, 그는 세상의 가치관으로 마음이 가득 차서 폭력적이고 자기중심적인 사람이 되는 것이다. 악하고 더러운 생각을 몰아내기 위해서는 좋은 것, 선한 것이 마음에 가득 차면 된다. 즉 하나님의 선하시고 온전하시고 기뻐하실 일을 생각하고 행동하는 것이다.

....

③ 말씀의 훈련(시 119:9-11, 105)

> 청년이 무엇으로 그의 행실을 깨끗하게 하리이까 주의 말씀만 지킬 따름이니이다 내가 전심으로 주를 찾았사오니 주의 계명에서 떠나지 말게 하소서 내가 주께 범죄하지 아니하려 하여 주의 말씀을 내 마음에 두었나이다 시 119:9-11
> 주의 말씀은 내 발에 등이요 내 길에 빛이니이다 시편 119:105

하나님의 뜻대로 살기 위한 가장 좋은 방법은 하나님의 말씀을 마음에 새기는 것이다. 죄인된 우리의 생각과 지식으로는 하나님의 뜻을 알 수 없다. 말씀이 우리 발의 등이 되어 한 걸음 한 걸음 인도하시는 대로 따라갈 때 유혹이 와도 죄를 물리칠 수 있는 능력이 생긴다.

◇◇◇◇ 죄를 멀리하는 데 가장 좋은 방법은 말씀을 묵상하고 암송하는 것이다. 시편 119편 9-11절 말씀처럼, 유혹이 많은 청년의 때에

마음과 행동을 깨끗게 하기 위해서는 말씀을 마음에 새기고 지켜야 한다.

데이트를 할 때마다 이성 친구와 말씀을 같이 나누고 기도로 무장한 후에 둘의 시간을 보내기를 권한다. 왜냐하면 말씀을 통해 서로의 마음에 안전장치를 설치하면 죄를 멀리할 수 있는 능력이 생기기 때문이다.

④ 정직함의 훈련(시 139:23, 잠 12:22)

> 하나님이여 나를 살피사 내 마음을 아시며 나를 시험하사 내 뜻을 아옵소서 시 139:23
> 거짓 입술은 여호와께 미움을 받아도 진실하게 행하는 자는 그의 기뻐하심을 받느니라 잠 12:22

하나님 앞에 정직해야 회개할 수 있다. 성숙한 기독교인이 되기 위해서 하나님과 사람들에게 정직해야 한다. 그러기 위해서는 거짓말을 하지 않는 정직의 훈련이 필요하다.

◇◇◇◇ 거짓말을 하는 사람을 어떻게 믿을 수 있겠는가? 만약 남자친구가 있는데 그가 하는 말마다 허세가 섞여 있고 자기 과시를 위해 말을 부풀린다면, 또 어떠한 문제에 맞닥뜨렸을 때 진실하게 사과하는 것이 아니라 그 문제를 회피하기 위해 자꾸 거짓말을 한다면 정말 심각한 문제일 것이다. 정직은 훈련이다. 거짓말을 하지

않는 방법은 정직하게 말하는 것뿐이다. 그것은 정직하게 진실을 얘기하는 훈련을 통해 길러진다. 믿음의 남자라면 정직함이 훈련되어 있어야 한다.

⑤ 언어의 훈련(약 3:4-6, 10; 엡 4:29)

또 배를 보라 그렇게 크고 광풍에 밀려가는 것들을 지극히 작은 키로써 사공의 뜻대로 운행하나니 이와 같이 혀도 작은 지체로되 큰 것을 자랑하도다 보라 얼마나 작은 불이 얼마나 많은 나무를 태우는가 혀는 곧 불이요 불의의 세계라 혀는 우리 지체 중에서 온 몸을 더럽히고 삶의 수레바퀴를 불사르나니 그 사르는 것이 지옥 불에서 나느니라 약 3:4-6

한 입에서 찬송과 저주가 나오는도다 내 형제들아 이것이 마땅하지 아니하니라 약 3:10

무릇 더러운 말은 너희 입 밖에도 내지 말고 오직 덕을 세우는 데 소용되는 대로 선한 말을 하여 듣는 자들에게 은혜를 끼치게 하라 엡 4:29

믿음의 남자는 자신의 혀를 통제하고 하나님이 기뻐하시는 언어를 사용한다. 언어생활을 통해 항상 자신의 신앙을 파악해야 한다.

◇◇◇◇ 요즘에는 초등학생들도 거친 말을 서슴없이 내뱉는다. 더러운 말을 아무런 거리낌 없이 한다는 것은 마음과 생각 속에 더러

운 생각과 분노가 가득 차 있다는 뜻이다. 그 사람의 입에서 무엇이 나오는가를 보면 그 마음속에 무엇이 있는지 알 수 있다. 말끝마다 욕과 불평, 남들을 시기하고 혐오하고 헐뜯는 얘기가 나온다면 죄와 악한 영이 지배하는 사람이다. 대화할 때마다 다른 사람을 세워 주고 축복하며 하나님께 어떠한 상황에도 감사할 수 있는 축복의 통로가 되어야 한다.

2. 하나님이 쓰시는 현숙한 여자가 되는 훈련

① 하나님을 먼저 구하는 여자(마 6:33-34)

> 그런즉 너희는 먼저 그의 나라와 그의 의를 구하라 그리하면 이 모든 것을 너희에게 더하시리라 그러므로 내일 일을 위하여 염려하지 말라 내일 일은 내일이 염려할 것이요 한날의 괴로움은 그날로 족하니라 마 6:33-34

대단한 이상형을 만나도 행복이 보장되지 않는다. 하나님 외에는 그 어떤 것도, 그 누구도 나의 마음을 채울 수 없음을 알아야 한다. 내 인생의 우선순위는 항상 하나님 먼저!

◇◇◇◇ 데이트를 한다고 외로움이 없어지지 않는다. 마찬가지로 결혼한다고 해서 외롭지 않을 거라는 생각도 착각이다. 혼자서 행복할 줄 아는 사람이 데이트를 하면서 외롭지 않을 수 있다. 하나님 때문에 행복한 사람은 진정한 행복을 알기에 이성 친구가 있든 없

Teaching Point

믿음의 남자, 현숙한 여자가 되기 위한 훈련에 나오는 항목들은 사실 남녀 모두에게 필요한 덕목이다. 학생들은 자기에게 부족한 부분을 체크해 보도록 인도한다.

든 행복하다. 이성 친구를 찾는 데만 온 신경을 집중하는 사람은 현숙한 여자라고 볼 수 없다.

하나님과의 관계만으로도 행복한 사람은 어떻게 하면 하나님을 기쁘시게 할까 생각한다. 정말 행복한 사람은 하나님만으로 만족함을 얻는다. 또한 하나님과 동행하며 깊은 관계를 추구한다. 현숙한 여자는 어느 순간에도 하나님을 먼저 구한다.

··

② 지혜롭게 말하는 여자(잠 16:23; 전 10:12)

지혜로운 자의 마음은 그의 입을 슬기롭게 하고 또 그의 입술에 지식을 더하느니라 잠 16:23

지혜자의 입의 말들은 은혜로우나 우매자의 입술들은 자기를 삼키나니 전 10:12

연애를 할 때나 결혼 생활에서 가장 중요한 것 중 하나가 소통이다. 소통을 잘하는 연인, 부부는 행복하다. 소통을 잘하기 위해서는 지혜로운 말이 필요하다.

◇◇◇◇ 지혜로운 입술을 가진 사람은 어디를 가든 빛이 난다. 얼굴은 예쁘지만 남자친구의 실수 하나에 바르르 떨며 다그치는 여자 친구가 되기를 원하는가, 아니면 남자친구의 실수를 지혜롭게 잘 덮어 주면서 더 나은 사람이 되도록 격려하는 여자친구가 되기를 원하는가? 지혜가 없으면 쓸모없는 말, 불필요한 말을 해서 어려움

에 처하게 된다. 지혜의 말은 상황에 맞는 말을 함으로 서로에게 덕이 된다.

....

③ 진정한 아름다움을 지닌 여자(잠 31:30; 딤전 2:9-10)

> 고운 것도 거짓되고 아름다운 것도 헛되나 오직 여호와를 경외
> 하는 여자는 칭찬을 받을 것이라 잠 31:30
> 또 이와 같이 여자들도 단정하게 옷을 입으며 소박함과 정절로
> 써 자기를 단장하고 땋은 머리와 금이나 진주나 값진 옷으로
> 하지 말고 오직 선행으로 하기를 원하노라 이것이 하나님을 경
> 외한다 하는 자들에게 마땅한 것이니라 딤전 2:9-10

겉모양의 아름다움은 진정한 아름다움이 아니다. 하나님을 경외하고 사랑하는 마음을 가진 자가 진정한 아름다움을 가진 여자다.

◇◇◇◇ 단지 겉으로만 예쁘게 보이기 위해 어떤 옷을 입을까, 어떻게 화장할까, 어떻게 몸매를 가꿀까 고민하면서 최신 유행을 따라가는 데에만 집중하는 것은 진정한 아름다움이 아니다. 세월이 지나면 그러한 것들은 다 헛되다. 그렇다고 아무렇게나 하고 다니라는 말은 결코 아니다. 진정한 아름다움은 겉이 아니라 내면에 있다.

하나님의 성품을 나타내는 인격과 성숙한 믿음을 갖춘 여자는 늘 자신감에 차 있다. 억지로 자신을 드러내려고 하지 않는다.

진정한 아름다움을 가진 사람은 겉으로 보이는 아름다움이 아니라 내면의 아름다움을 더 가꾼다. 그런 사람이 현숙한 여자다. 하나님을 사랑하는 모습처럼 아름다운 게 없다. 찬양할 때 사람의 시선을 의식하지 않고 하나님을 의식하며 성령님의 임재를 경험하는 여자, 말씀을 사모하는 여자, 기도를 통해 하나님과 친밀한 관계를 즐기는 여자는 정말 아름다운 여자다. 믿음의 남자라면 이런 성숙한 여자를 찾아야 한다.

④ 겸손한 여자(약 4:10; 눅 14:11)

> 주 앞에서 낮추라 그리하면 주께서 너희를 높이시리라 약 4:10
> 무릇 자기를 높이는 자는 낮아지고 자기를 낮추는 자는 높아지리라 눅 14:11

자기만 알고 교만한 자를 조심하라. 하나님은 겸손한 자를 들어 쓰신다.

◇◇◇◇ 자기를 낮추고 겸손한 자는 하나님이 높이셔도 오히려 본인이 다시 낮아진다. 그래서 하나님은 겸손한 자를 높이시는 것이다. 이성을 만날 때는 꼭 겸손한 사람을 만나야 한다. 믿음의 남자는 이기적이고 교만한 여자, 자기밖에 모르는 여자를 조심해야 한다. 이들은 대부분 미모, 돈, 지식 등 자기가 가진 것으로 교만해져 남편을 무시하고 함부로 대한다. 겸손한 아내는 자녀들 앞에서 남편 흉을 절대로 보지 않는다. 이 세상에 완벽한 남편이 없음을 알기

때문에 자녀에게 아빠의 단점이 아니라 장점을 부각시킨다. 가정의 재정을 책임지는 아빠에게 고마움을 표시하도록 자녀들을 가르치며, 아빠의 좋은 점을 자녀들이 꼭 닮기 원한다고 항상 이야기한다. 이런 겸손한 아내를 둔 남편은 행복할 수밖에 없다.

⑤ 하나님을 섬기는 여자(갈 1:10)

> 이제 내가 사람들에게 좋게 하랴 하나님께 좋게 하랴 사람들에게 기쁨을 구하랴 내가 지금까지 사람들의 기쁨을 구하였다면 그리스도의 종이 아니니라 갈 1:10

마음을 다해서 진실하게 하나님을 섬기는 사람이 진정 아름다운 믿음의 여인이다.

◇◇◇ 교회에서 봉사할 때 사람들에게 보이려고 하는가, 아니면 하나님만 바라보고 일하는가? 후자야말로 진정한 믿음을 가진 현숙한 여자다. 교회에서 수련회나 단기선교를 같이 가면 그 사람이 사람을 보고 섬기는지, 하나님만 보고 섬기는지 잘 알 수 있다.

사람을 기쁘게 하는 데 온 신경이 가 있는가, 아니면 하나님의 시선을 의식하는가? 주위 사람을 기쁘게 하는 데 집중하는 사람은 자신의 평판을 아주 중요하게 여기는 사람이다. 교회에서 하나님보다 사람을 의식하는 사람은 자존감이 낮은 경우가 많다. 내 모습 그대로를 보여 주기 싫어하며, 주위 사람들이 자기를 외면할까 봐 항상 눈치를 보고 불안해한다. 반면에 하나님께 집중하는 여자는 사람을 두려워하지 않고 하나님을 두려워한다.

박스를 갈색 혹은 검정색과 깔끔하고 예쁜 것을 포장해 둠으로써 겉으로 보이는 것과 내면은 다르며, 내면을 보는 연습을 해야 함을 알려 준다.

액티비티 "상자에 무엇이 들어 있을까?"

준비물

박스 5개(포장), 가짜 지렁이, 밤송이나 까칠까칠한 수세미, 썩은 계란이나 과일, 초콜릿, 향수.

① 5개의 박스 중 3개는 아주 깔끔하고 예쁘게 포장하고, 2개는 갈색 혹은 검정색으로 포장해 둔다.

② 예쁜 3개의 박스 안에는 더러운 것[#1가짜 지렁이들(진짜를 써도 됨), #2가시가 있는 밤송이(아픈 것) 혹은 까칠까칠한 수세미, #3썩은 과일이나 썩은 계란(냄새 나는 것)]을 넣는다(tip. 썩은 계란 대신 계란에 주사기로 구멍을 뚫어 초록색 식품색소를 넣어 사용해도 된다.).

③ 갈색 혹은 검정색 2개의 박스 안에는 좋은 것[#4초콜릿 #5향기 좋은 방향제나 향수 등]을 넣어 둔다.

게임 방법

① 5명의 학생들을 뽑는다(그룹으로 해도 좋다).

② 학생들에게 5개의 박스 중에서 하나를 고르라고 한다

③ 자기가 고른 박스에 대해 왜 그것을 골랐는지 물어보고 답하게 한다.

④ 한 명씩(혹은 한 그룹씩) 박스 안에 손을 넣고 무엇이 있는지 맞혀 보게 한다. 손으로 만질 때 눈으로 볼 수 없도록 눈가리개를 사용해도 좋다(3개의 예쁜 박스, 2개의 갈색 혹은 검정색 박스).

⑤ 하나씩 열어 보며 학생들에게 그것이 상징하는 의미를 설명해 준다.

- 지렁이: 징그러운 사람, 혼자 매일 야동만 보는 사람, 남을 헐뜯기 좋아하고 이간질하는 사람

- 밤송이/까칠까칠한 수세미: 성격이 너무 예민해서 만나는 사람마다 부딪히는 사람, 날카로운 성격의 소유자, 자기만 알고 배려심이 없는 사람

- 썩은 과일이나 계란: 겉모습은 화려하고 멋져 보이는데 내면은 쓰레기로 가득한 사람, 자기 방도 치우지 않는 게으른 사람

- 초콜릿: 기쁨이 항상 넘치며 만나는 사람마다 행복하게 하는 사람

- 향수: 만나는 사람마다 예수님의 향기를 전하는 사람

⑥ 게임의 의미 설명

- 이성을 사귈 때 겉모습만 보면 많은 실수를 할 가능성이 높다. 겉모습이 아닌 성품과 믿음을 보아야 한다.

- 요즘의 사회 분위기는 겉모습을 중요시하는 경향이 있다. 겉모습이 예쁘다고 성격과 신앙이 좋은 것은 아니다. 오히려 수수하고 보잘것없는 사람이 보석 같은 존재일 수 있다.

- 사람을 볼 때 외모가 아닌 내면을 보는 연습을 해야 한다.

⑦ 잠언 31장 30절, 디모데전서 2장 9-10절을 읽고 외모와 내면의 관계에서 정말 중요한 것이 무엇인지 서로 이야기를 나누게 한다.

* 외모가 아닌 내면을 강조했다고 해서 아무런 치장도 하지 말라는 이야기가 아님을 알려 주라. 자기 몸과 외모를 깨끗하게 관리하는 것도 중요하고 예쁘게 꾸미는 것도 중요하다. 하지만 외모만 중요시하며 신경 쓰는 사람을 조심하라는 의미임을 알려 주라.
* 숙제를 알려 주고 기도로 마무리한다.

1. 내 몸의 변화를 생각했을 때 가장 두려운 것은 무엇인가요? 그 이유는 무엇인가요?

   서로 이야기를 나눈다.

2. (남학생) 하나님께 쓰임받는 멋진 남자로 자라기 위한 다섯 가지 훈련은 무엇입니까?

   · 거룩함의 훈련(살전 4:3-7)

   · 마음의 훈련(잠 4:23, 롬 12:2)

   · 말씀의 훈련(시 119:9-11, 시 119:105)

   · 정직함의 훈련(시 139:23; 잠 12:22)

   · 언어의 훈련(약 3:4-6, 10; 엡 4:29)

◇◇◇◇ 신실한 믿음의 남자가 지녀야 할 성품은 담대함, 겸손함, 온화함, 강함, 너그러움, 인내, 믿음직함, 진실함, 주의 깊음, 신실함, 신중함, 책임감, 자제력 등이다.

3. (여학생) 하나님께 쓰임받는 현숙한 여자로 자라기 위한 다섯 가지 훈련은 무엇입니까?

   · 하나님을 먼저 구하는 여자(마 6:33-34)

   · 지혜롭게 말하는 여자(잠 16:23; 전 10:12)

· 진정한 아름다움을 지닌 여자(잠 31:30; 딤전 2:9-10)

· 겸손한 여자(약 4:10; 눅 14:11)

· 하나님을 섬기는 여자(갈 1:10)

◇◇◇◇ 신실한 믿음의 여자가 지녀야 할 성품은 너그러움, 기쁨이 넘치는 마음, 내면의 아름다움, 겸손함, 자신감, 지혜로움, 평판이 좋고 믿을 수 있는 성품, 하나님을 의지하고 인내함, 정직함 등이다.

4. (남학생 / 여학생) 위의 다섯 가지 중에서 내가 더 훈련해야 할 부분은 무엇입니까? 두 가지만 쓰고 설명하세요.

◇◇◇◇ 학생들에게 어떠한 성품을 쌓아야 하는지 알려 주고 자신에게 부족한 부분이 있다면 어떻게 훈련해야 할지 생각할 수 있도록 도와준다. 그리고 나중에 자신이 만나고 싶은 상대가 어떤 성품을 지닌 사람이었으면 좋을지 기도제목을 써보는 것도 좋은 방법이다.

5. 영화 <믿음의 승부>(Facing the Giants)를 구입해 부모님과 같이 시청하고 느낀 점을 나누어 보세요. 학생용 책에 영화 감상문을 작성하세요.

═══ 제4과

하나님이 기뻐하시는
데이트

요점

1. 기독교인의 데이트

2. 데이트 바운더리에 관한 이해

3. 순결의 의미

암송구절

누구든지 네 연소함을 업신여기지 못하게 하고 오직 말과 행실과 사랑과 믿음과

정절에 있어서 믿는 자에게 본이 되어 디모데전서 4장 12절

프로그램 순서		소요시간 2시간	설명
소그룹	3과 복습	10분	숙제 점검하면서 다시 한 번 복습하기
전체 그룹	암송구절 게임	20분	젠가를 이용하여 게임하기
전체 그룹	성경공부 "기독교인의 데이트"	20분	전체 인솔자가 인도
소그룹	바운더리 게임	10분	각 그룹 선생님이 인도
소그룹	소그룹 나눔 시간	10분	각 그룹 선생님이 인도
남자반 / 여자반 나눔	토론 시간	20분	각 그룹 선생님이 인도
소그룹	미래 배우자를 위한 기도제목 쓰기	20분	각 그룹 선생님이 인도
전체 그룹	기도	10분	

제3과 복습

1. 제3과 숙제를 토론한다.

2. 1-3과에서 외운 암송구절을 복습한다.

Teaching
Point

"믿는 자에게 본이 되어"(딤
전 4:12)라는 말씀은 무슨
뜻인가요?
기독교인인 우리는 영적,
육적으로 삶의 모든 면에
서 모범이 되어야 한다. 왜
냐하면 우리는 하나님의
대표자로 부르심을 받았
기 때문이다. 특히 우리의
말, 행위, 신앙, 그리고 '순
결'에서 본이 되어야 한다.
위의 말씀은 어른에게 하
는 게 아니라 어린이에게
하는 것이다. "연소함을 업
신여기지 못하게 하고"라
는 말씀에서 보듯이 어릴
때부터 모든 면에서 본을
보여야 한다.

準비물

젠가(18개×그룹 수), 라벨지(A4용지 80칸짜리)

① 각각의 암송구절을 라벨지에 인쇄한 후 젠가에 하나씩 붙인다.

(번호는 제외-- #1누구든지 #2네 #3연소함을 #4업신여기지 #5못하게 #6하고 #7오직 #8말과

#9행실과 #10사랑과 #11믿음과 #12정절에 #13있어서 #14믿는 #15자에게 #16본이 #17되

어 #18디모데전서 4:12)

② 팀별로 게임을 할 수 있도록 암송구절을 붙인 젠가 세트를 그룹 수만큼 준비

하고 모든 젠가를 그룹별로 바닥에 섞어 놓는다.

게임 방법

① 학생들을 몇 그룹으로 나누고 각 그룹이 한 줄로 서 있다가 신호가 떨어지면

한 사람씩 뛰어가서 젠가 말씀을 하나씩 집어서 가져오게 한다.

② 이때 말씀을 기억하면 순서대로 가져올 수 있다고 말해 준다.

③ 학생들이 가져온 젠가를 말씀 순서대로 놓아 두도록 한다.

④ 젠가에 붙인 말씀을 순서대로 먼저 쌓아 올리는 팀이 승리한다.

게임 규칙

① 게임을 하다가 젠가가 쓰러지면 다시 해야 한다.

② 젠가를 위로 쌓거나 옆으로 세우는 방법은 각 그룹에서 정한다.

성경공부 "기독교인의 데이트"

Teaching Point

데이트, 즉 이성과 사귈 때 경계 또는 선을 지키는 것 (바운더리), 내 몸은 하나님 의 성전이라는 것, 그리고 내 몸은 예수님의 피로 산 아주 귀한 몸이라는 것에 초점을 맞춰 가르친다.

남자와 여자가 서로에게 끌리는 것은 자연스러운 현상이다. 그런데 성경에는 데이트에 대해 손은 언제 잡아도 되는지, 키스는 언제 할 수 있는지 등은 나와 있지 않다. 하나님은 우리가 무엇을 하느냐보다 어떤 사람이 되느냐가 더 중요하다고 말씀하신다. 그런 맥락에서 데이트는 더 나은 사람이 되어 가는 과정이 되어야 한다. 데이트를 통해 더 성숙해지고 믿음도 더 굳건해진다면 바른 데이트를 하고 있는 것이다.

데이트는 가볍게 상대방을 한번 알아보는 의미에서 하는 것이 아니라 후회 없는 결혼을 위해 상대방을 관찰하는 과정이다. 서로 사랑하고 아껴 주고 모든 것이 좋았던 연애 시절이 결혼 후에도 지속된다면 그보다 좋은 게 없겠지만 그렇지 않은 경우가 많다. 뜨거운 사랑의 감정만을 믿고 결혼했지만, 그 후에 그토록 좋아했던 상대방의 장점이 단점으로 보여 이혼까지 하는 경우를 많이 보았다. 따라서 데이트는 아주 신중히 해야 한다.

결혼을 전제로 하는 이성교제(연인 관계 데이트)는 언제부터 할 수 있는가? 손도 잡고 껴안기도 하는 결혼을 전제로 한 이성교제는 부모로부터 경제적으로 독립할 수 있는 나이가 된 후에 해야 한다. 왜냐하면 연인 관계 데이트의 목적은 결혼을 잘하기 위한 단계이기 때문이다. 부모의 도움을 받지 않고 경제적으로 어려움 없이 생활할 수 있는가? 자신의 행동에 책임을 질 수 있는가? 결혼해서 아기를 낳았을 때 그 아기를 책임지고 양육할 수 있는 준비가 되어 있는가? 마음의 준비와 경제적 준비가 되어야 연인 관계 데이트를 할 수 있다. 그런 준비가 되기 전에는 캐주얼 데이트(그룹 데이트)만으로도 서로를 충분히 알아갈 수 있다. 캐주얼 데이트는 서로 관심을 가지고 좋아하지만 신체적 접촉이 없는 관계다. 둘만 따로 시간을 보내는 것이 아니라 그룹으로 만나서 서로 알아가는 관계이다.

어떤 사람들은 연인 관계 데이트를 하지 말고 결혼 전에 한 사람만 만나서 결혼하라고 말한다. 데이트는 서로에게 유익하지 않을뿐더러 그 과정에서 너무나 많은 상처를 주고받기 때문이라는 것이다. 이는 너무 극단적인 생각이다. 어떻게 한 사람만 만나서 연애하고 결혼을 할 수 있을까? 처음부터 나의 반쪽을 알아보고 연애한다는 것은 쉽지 않다. 오히려 데이트를 통해 서로에게 좋은 영향력을 주도록 노력한다면, 상처를 주는 것이 아니라 서로에게 유익한 데이트가 될 수 있다. 서로를 배려하고, 상대의 바운더리를 존중하고, 하나님과 더 가까워지며 많이 배울 수 있는 데이트가 건강한 데이트다.

캐주얼 데이트는 서로를 배울 수 있는 좋은 기회가 된다. 많은 사람과 우정을 나누면서 자신에게 맞는 사람이 어떤 유형인지 판단하기에는 교회만 한 곳이 없다. 어떤 친구는 결단력이 있고,

어떤 친구는 신사적이고, 또 어떤 친구는 남을 배려하는 등 저마다의 개성이 매력적으로 느껴질 수 있다. 그런 친구들과 같이 영화 보고 수련회도 가면서 자신이 어떤 성향을 좋아하는지 알게 된다. 그렇게 조금씩 범위를 좁혀 가면서 자신의 성향을 분석할 수 있다. 그런 의미에서 우정 관계에서의 교제는 바람직하다.

연인 관계 데이트를 하기 전에 많은 사람을 관찰하며 사람을 보는 안목을 키우는 것이 중요하다. 일단 결혼한 다음에는 되돌릴 수 없기 때문이다. 결혼하기 전에 신중하게 나를 파악하고 내가 어떤 성격의 소유자에게 끌리는지를 알면 그런 사람을 만나기 위해 일찍부터 기도하게 된다.

캐주얼 데이트를 하게 되면 자신에게 어떤 단점이 있는지 알게 된다. 예를 들면 다투었는데 자신이 상대방과 며칠 동안 말도 안 하고 대화를 완전히 끊어 버리는 성격이라면, 혹은 상대에게 그런 성향이 있다면 그것을 어떻게 해결해야 할지 배울 수 있는 기회가 된다. 신체적인 접촉이 없는 우정의 관계를 더 많이 경험하면서 충분히 기도하고 서로가 준비되었을 때 데이트를 하도록 이끌어 주는 것이 바람직하다.

연인 관계 데이트를 통해 상대방을 좋아하지만 선을 넘고 싶은 마음을 통제하고 자신을 절제하는 법을 배워야 한다. 좋아한다는 이유로 스킨십을 강요하는 사람과는 아예 처음부터 만나지 않는 것이 좋다. 그런 만남은 위험한 데이트가 될 수밖에 없다. 서로가 정해 놓은 바운더리를 존중하고 그것을 지키도록 노력하는 데이트라면 서로에게 유익하고도 건강한 교제가 될 것이다.

내가 상대방을 진심으로 사랑하는지, 일시적으로 좋아하는지 어떻게 알 수 있을까? 혹은 상대방이 진심으로 나를 사랑하는지, 일시적인 감정인지 어떻게 알 수 있을까? 누군가를 만나고 좋아하는 감정이 생기는 것은 아주 정상적인 일이다. 하지만 내 여자친구, 남자친구로 단정 짓기 전에 꼭 신중히 생각해야 한다. 데이트를 하기 전에 훗날 어떤 데이트를 할 것인지, 그리고 그 데이트를 통해 어떻게 하나님을 기쁘시게 할 것인지 미리 생각해 놓아야 나중에 힘든 데이트를 하지 않게 된다. 데이트를 할 때 '기독교인의 데이트 체크리스트'를 보면서 인도하라.

첫째, 하나님의 나라를 먼저 구하는 데이트를 해야 한다. 데이트할 때 이 만남을 통해서 어떻게 하나님께 영광을 돌릴까, 우리가 어떠한 대화를 하면 하나님이 기뻐하실까를 먼저 생각하는 것이다. 이처럼 만남의 중심이 하나님께 맞춰져 있으며 하나님 나라를 구하는 데이트를 통해서 서로의 신앙이 자란다. 데이트할 때부터 하나님 중심의 관계가 되어야 결혼해서도 하나님 중심의 가정을 꾸릴 수 있다.

둘째, 반드시 기독교인과 데이트해야 한다. 많은 사람이 비기독교인과의 연애를 쉽게 생각하고 결혼해서 그를 기독교인으로 만들겠다고 하는데, 그것은 교만이고 착각이다. 하나님은 우리에게 믿지 않는 사람들을 전도하라고 분명히 명령하셨지만, 그것이 결혼을 통한 전도는 아니다. 데이트하면서 상대방을 변화시키겠다고 마음먹어도 사람은 쉽게 변하지 않는다. 하나님이 그 사람을 변화시켜야 한다. 전도는 하되 데이트는 기독교인과 해야 한다. 우리는 죄인이기 때문에 믿지 않는 자와 만나면 영향을 받을 수밖에 없는 연약한 존재라는 것을 꼭 기억하기 바란다.

셋째, 마음을 지키는 데이트를 해야 한다. "모든 지킬 만한 것 중에 더욱 네 마음을 지키라 생명의 근원이 이에서 남이니라"(잠 4:23)라는 말씀처럼 데이트에서 마음을 지키는 관계가 되어야 한다. 데이트할 때 마음을 지키기 위해서는 으슥한 곳으로 둘만 따로 가지 말고 공개된 장소에서 해야 한다. 그룹으로 만나거나 사람이 많은 곳에서 데이트함으로써 처음부터 시험받지 않도록 마음을 지켜야 한다.

넷째, 데이트는 결혼을 전제로 해야 하는 것이기에 충동적으로 사귀어서는 안 된다. 쉽게 이 사람 저 사람 만나면서 신체적 접촉도 서슴없이 해보고 그 중에서 맞는 사람을 고르겠다는 생각은 위험하다. 너무 외로워서 하는 데이트 또한 바람직하지 않다.

다섯째, 부모의 조언을 구해야 한다. 당사자가 보지 못하는 것을 부모는 볼 수 있다. 부모에게 상대방을 인사시키면 책임감이 생기기 때문에 서로에게 더 조심하고 함부로 대하지 못하게 된다.

여섯째, 주위 사람들이 두 사람의 관계를 축복하는지, 염려하는지를 점검해 보라. 상대방이 다니는 교회의 리더들, 또는 친구들을 만나 보라. 주위 사람들에게 인정받는 사람인가, 아니면 두 사람의 관계를 염려하는가? 주위 사람들에게 인정받고 축복받는 사람인지 살펴보아야 한다.

일곱째, 둘만의 데이트보다 그룹 데이트를 즐겨라. 그룹 안에서 다른 사람들을 어떻게 대하는지 보는 것도 아주 중요하다. 먼저 언급한 것처럼 연인 관계 데이트로 들어가기 전에 캐주얼 데이트를 해야 하며, 연인 관계라 할지라도 그룹으로 자주 만나서 다른 사람들을 대하는 태도를 보아야 한다.

여덟째, 데이트할 때 꼭 지켜야 할 선(바운더리)을 상대방에게 알려라(살전 4:3-5). 언제든 이 사람과 헤어질 수 있다는 사실을 명심해라. 헤어져도 서로에게 상처가 되지 않는 관계가 되도록 해라. 두 사람의 관계를 천천히 발전시켜라. '빨리 뜨거워지면 빨리 식는다'라는 말을 꼭 기억하자. 그래서 손을 잡거나 팔짱을 끼는 등의 신체 접촉도 천천히 시작하기를 바란다. 급하게 신체 접촉을 하다 보면 더 깊이 더 빨리 다음 단계로 진행하고 싶은 게 인간의 죄성이다. 특히나 남자들에게는 그러한 욕망이 존재한다. 따라서 신체 접촉을 아주 천천히 진행할 수 있도록 미리 가이드라인을 세워놓아야 한다. 권하기는 데이트할 때 가벼운 뽀뽀 정도까지만 하면 좋다. 만약 깊은 신체 접촉을 했다고 가정할 때, 앞으로 그 이상의 스킨십 없이 연애할 수 있다고 생각하는가? 그렇지 않다. 더 깊은 신체 접촉을 원하게 된다. 그래서 가이드라인이 필요하다. 어느 단계까지 허용할지 정하지 않고 감정이 가는 대로 행동한다면 그것처럼 바보 같은 짓이 없다. 결혼은 예식장에 들어가기 전날에도 무산될 수 있다. 데이트할 때는 언제든지 이 사람과 헤어져도 괜찮은 선까지만 허락해야 한다.

아홉째, 하나님의 일을 같이 섬겨라. 섬기면서 상대방의 많은 부분을 알 수 있다. 함께 봉사하는 데이트, 즉 여름성경학교를 함께 섬기고 선교를 같이 가는 등의 교회 활동을 하는 것이 좋다. 같이 섬길 때 상대방의 많은 부분을 알 수 있다.

열 번째, 서로를 존중하는 것이 진정한 사랑이다. 상대방을 배려하는 연습을 해라. 데이트할 때 존중받지 못하면 결혼해서도 존중받지 못할 가능성이 크다. 아무리 친밀한 부부 사이도 서로를 존중하는 것이 중요하다.

열한 번째, 데이트할 때 전신갑주를 입도록 만날 때마다 같이 기도해라(엡 6:10-20). 우리는 죄인이기 때문에 전신갑주를 입음으로써 서로에게 오는 유혹을 뿌리칠 힘을 달라고 기도해야 한다.

열두 번째, 데이트를 시작하면서 하나님과 더 가까워지는지 멀어지는지 수시로 점검해라. 만약 하나님과의 관계가 식었다면 잠시나마 데이트를 멈추고 다시 하나님과의 관계에 초점을 맞춰야 한다. 두 사람이 데이트하면서 서로만 바라보는 것이 아니라 함께 하나님을 바라보는 삼각관계가 되어야 한다.

바운더리 게임

준비물

빨강 습자지(학생당 2개), 파랑 습자지(학생당 2개), 딱풀(학생당 1개)

- 파랑 습자지는 남자를, 빨강 습자지는 여자를 상징한다고 알려 준다.

게임 방법

게임은 그룹별로 리더가 인도한다.

① 학생들에게 빨강 습자지와 파랑 습자지 두 장을 겹쳤다가 바로 떼어 보게 한다. 풀을 사용하지 않아서 문제없이 잘 떨어진다.

(리더 설명: 여자와 남자가 데이트를 할 때 잠시 만나 부담 없이 데이트하고 바로 헤어지면 서로에게 큰 상처를 주지 않는다.)

② 학생들에게 빨강 습자지와 파랑 습자지 두 장을 풀로 붙이고 5분 후에 두 장을 떼어 보게 한다. 이때는 종이가 찢어지거나 구겨질 것이다.

(리더 설명: 데이트를 할 때 바운더리를 어떻게 지키느냐에 따라 헤어졌을 때 찢어진 종이처럼 서로의 마음과 육체에 상처를 줄 수도, 아닐 수도 있다.)

③ 바운더리에 대해 설명해 준다.

(리더 설명: 신체적 바운더리, 즉 신을 정하는 것이 중요하다. 데이트할 때 정신적, 육체적으로 너무 가까워져서 선을 넘으면 좋지 못한 결과를 낳는다. 서로가 좋은 관계일 때는 바운더리를 넘는 데이트가 좋아 보일지 모르지만 헤어졌을 때는 서로에게 상처가 된다. 상처받기 원하지 않으면 데이트할 때 바운더리를 철저히 지키는 것이 중요하다. 그런 의미에서 데이트의 바운더리는 키스 전까지만 허용하는 게 안전하다. 남자들은 키스 후에는 절제하지 못하는 경우가 많다.)

1. 몇 살에 연인 관계 데이트를 하고 싶나요?

2. 데이트를 하게 되면 바운더리를 어떻게 세울 건가요?(손은 언제부터 잡고, 포옹은 언제 할지 등 구체적으로 쓰세요.)

3. 사귀는 사이였지만 헤어졌다고 합시다. 훗날 둘이 마주쳤을 때 반갑게 인사할 수 있으려면 바운더리를 어디까지로 정해야 할까요?

토론 시간 ◇◇◇◇◇◇◇

Note)
남자와 여자 나누어서 진행한다.

각 그룹의 리더와 학생들이 그룹별로 토론하는 시간이다.

1. 성경은 사랑에 관해 뭐라고 말씀하시나요?(고전 13:4-7)

◇◇◇◇ 성경에 "사랑은 가슴이 뛰거나 좋아하는 감정"이라는 말씀은 없다. 오히려 사랑은 견디는 것이며, 상대방을 위해 헌신하는 것이라고 말씀한다. 이 세상은 '가슴이 뛰는 사랑을 느낄 수 없다면 그건 처음부터 진짜 사랑이 아니다'라고 속삭인다. 그러면 '내가 그때 잘못 생각했구나. 그건 진짜 사랑이 아니었구나' 하고는 다른 사람을 찾아 떠난다. 그러다가 결혼해서 뜨겁게 사랑하는 감정이 식으면 다른 사랑을 찾는다. 결국 가정이 깨지는 것이다.

사탄은 끊임없이 "사랑은 감정이야"라는 거짓말을 온 세상에

뿌려 놓았다. 그러나 사랑은 의지다. 진짜 사랑은 '오래 참고 온유하며 시기하지 아니하며 자랑하지 아니하며 교만하지 아니하며 무례히 행하지 아니하며 자기의 유익을 구하지 아니하며 성내지 아니하며 악한 것을 생각하지 아니하며 불의를 기뻐하지 아니하며 진리와 함께 기뻐하고 모든 것을 참으며 모든 것을 믿으며 모든 것을 바라며 모든 것을 견디는' 것이다.

2. 언제 내 이성친구에게 "사랑해"라고 말할 수 있나요?

◇◇◇◇ 사랑하는 것과 좋아하는 것은 확실히 구별된다. 상대방에게 "사랑해"라고 할 수 있는 것은 자신이 정서적, 경제적으로 독립할 수 있을 때, 자신의 행동을 책임질 수 있을 때다(적어도 대학생 때 사귀는 것이 적합하다). 고등학생 때까지는 여전히 사춘기 호르몬의 영향으로 계속 감정이 변하기 때문에 상대방을 책임질 수 없다. 사춘기 때는 좋아하는 상대가 수시로 바뀐다. 그래서 이때 이성 친구를 사귀는 것은 서로에게 상처만 줄 가능성이 크다.

학생들에게 지금까지 좋아한 애들이 몇 명이었는지도 물어보자. 대부분 다섯 명에서 열 명 정도이고, 많은 경우 서른 명이라고 말하는 친구도 보았다. 누군가를 좋아하는 것은 괜찮다. 하지만 좋아한다고 해서 그 사람과 사귀어야 하는 것은 아니다. 친구로서도 충분히 좋아할 수 있다. 그리고 사춘기 때는 호르몬의 영향으로 그런 감정을 사랑이라고 착각할 수 있다. 하지만 사실은 사랑이 아니라 친해지고 싶은 감정일 수 있다.

3. 내가 사랑할 준비가 되었는지 어떻게 알 수 있나요?

◇◇◇◇ '기독교인의 데이트'에서 배운 대로 모든 분야에서 내가 자신 있게 진정한 사랑을 할 수 있다고 생각한다면 준비가 되어 있는 것이다. 이때 부모의 의견도 꼭 물어보자. 내가 경제적으로 독립했는지, 데이트할 정도로 성숙한지, 자기를 절제할 수 있는지, 두 사람 사이에 일어나는 모든 일에 책임을 질 수 있는지도 생각해 보고 데이트를 시작하자. 그전에는 우정을 나누는 캐주얼 데이트를 할 수 있다.

4. 데이트를 할 때 왜 바운더리가 필요한가요?

◇◇◇◇ 데이트를 할 때 바운더리는 필수 요소이다. 바운더리를 통해 서로에게 상처를 주지 않게 되고 서로를 인정하며 데이트할 때 스스로 절제하는 법을 배울 수 있기 때문이다. 바운더리를 잘 알게 되면 거절이 상처가 되지 않고 상대방을 더 잘 이해할 수 있는 기회가 된다. 그리고 이를 통해 서로를 존중하는 법을 배울 수 있다.

5. 데이트에서 신체적 관계의 바운더리는 어디까지라고 생각하나요? 그 이유는 무엇입니까?

◇◇◇◇ 데이트하는 동안의 바운더리는 가벼운 입맞춤(뽀뽀)이나 가벼운 스킨십(포옹) 정도까지다. 깊은 키스는 가서는 안 되는 단계로 들어서는 첫 문이다. 미디어를 통해 보는 첫 키스의 로망과는 달

리 실제로 첫 키스의 경험이 불쾌하고 당황스러웠다는 사람들이 많다. 우리는 육체의 정욕에 자연스럽게 이끌리는 존재이기 때문에 자기 자신을 절제할 수 있는 단계까지 선을 그어야 한다. 스킨십으로 서로가 상처를 주는 관계가 아니라 순결한 데이트로 하나님을 기쁘시게 해야 한다.

6. 순결이란 무엇인가요?

◇◇◇◇ 하나님이 만드신 디자인대로 살려고 노력하고 헌신하는 삶이다. 하나님이 만드신 디자인대로 산다는 것은 결혼할 때까지 순결하게 나를 지키는 일이다. 하나님이 만드신 디자인대로 살려고 '노력하고 헌신한다'는 말에는 순결한 삶은 자연히 되지 않으며 애쓰고 고군분투해야 한다는 뜻이다. 따라서 순결을 지키는 것의 핵심은 자유의지다. 자유의지는 계속해서 훈련해야 한다.

미디어나 인터넷, 혹은 이성을 통해 유혹이 올 때 우리는 자유의지를 사용해 순결을 선택해야 한다. 컴퓨터를 켰을 때 이상한 장면이 보이면 곧바로 화면을 끌 수 있어야 한다. 이것은 하나님이 우리에게 주신 자유의지를 훈련함으로써 가능하다. 순결은 육체뿐만이 아니라 생각까지도 지키는 것이다. 하나님의 순결에 대한 기준은 명확하고 정확하다. 우리의 수준으로 순결의 기준을 내려서는 안 된다. 우리는 성경 말씀에서 순결의 정의를 찾아야 한다. "나는 너희에게 이르노니 음욕을 품고 여자를 보는 자마다 마음에 이미 간음하였느니라"(마 5:28)는 말씀처럼 마음에 음욕만 품어도 간음죄를 짓게 된다. 우리는 죄의 본성 때문에 마음의 순결,

육체의 순결을 위해 죽을 때까지 몸부림치며 싸워야 한다.

7. 하나님이 자기 아들의 피로 우리 몸을 샀다고 하셨는데, 그렇다면 우리는 자신의 몸을 어떻게 대해야 합니까?

◇◇◇◇ 성경은 "너희 몸은 너희가 하나님께로부터 받은 바 너희 가운데 계신 성령의 전인 줄을 알지 못하느냐 너희는 너희 자신의 것이 아니라 값으로 산 것이 되었으니 그런즉 너희 몸으로 하나님께 영광을 돌리라"(고전 6:19-20)고 말씀한다. 내 몸은 하나님, 성령님의 성전이라는 것이다. 하나님은 우리 몸을 굉장히 소중히 여기신다. 하나님이 우리 몸을 창조하셨고 언젠가 예수님이 다시 오셨을 때 우리 몸은 부활하여 영혼과 함께 영원히 살게 될 것이기 때문이다. 그래서 우리 몸을 음란한 데 사용하면 안 된다. 우리 몸을 성령 하나님이 거하실 수 있도록, 거룩한 성전이 되도록 지켜야 한다. 순결하고 깨끗하고 거룩하게 자신의 몸을 관리해야 한다.

자신의 몸을 순결하게 지켜야 하는 또 다른 이유는 우리 몸은 예수님의 피 값으로 산 것이기 때문이다. 따라서 이 세상의 그 어떤 것과도 바꿀 수 없다. 또한 하나님께 영광을 돌려야 하는 몸이기에 음행을 저지를 수 없다. 만약 순결을 지키지 않고 음행을 저질렀을 때는 그에 대한 죄의 결과가 있다.

미래 배우자를 위한 기도제목 쓰기   ◇◇◇◇◇◇◇

어릴 때부터 미래의 배우자를 위해 기도하는 것은 아주 중요하다. 하나님은 행복한 결혼 생활을 위해 우리의 배우자를 준비시키시지만 우리도 미래의 배우자에게 좋은 남편, 좋은 아내가 되기 위해 영적, 정신적으로 준비하고 훈련해야 한다. 내가 준비된 만큼 배우자도 준비시키시는 하나님을 생각하며 편지를 써 보자.

◇◇◇◇ 예쁜 편지지를 준비해 학생들에게 나눠 주고 미래의 배우자를 위한 기도제목을 쓰게 한다.

　　예) 하나님을 신실하게 믿고 세상과 타협하지 않는 남편, 힘들고 어려운 사람을 돌보는 아름다운 마음을 가진 아내 등.

　　편지를 다 쓰고 나면 방에 붙여 놓고 매일 미래의 배우자를 위해 기도하라고 권면한다. 미래의 배우자를 위해 기도하는 것의 중요성을 가르치고, 집에 가서 부모님과 나눔의 시간을 가지라고 한다. 부모가 젊었을 때 기도했던 배우자를 위한 기도 제목들 중에 어떤 것들이 이루어졌는지, 어떤 성품에 감사하는지 나누어 보라고 한다.

제4과 숙제 ◇◇◇◇◇◇◇

1. 영화 <신은 죽지 않았다>(*God's Not Dead 1*)를 구입해 부모님과 같이 시청하고 느낀 점을 나누어 보세요. 학생용 책에 영화 감상문을 작성하세요.

신은 죽지 않았다 ▶

제5과
순결 서약식

참고)
순결 서약식은 4주간 배운 내용을 바탕으로 하나님과 부모님과 친구들 앞에서 순결한 삶을 살겠다고 약속하는 귀중한 시간이다. 여학생들은 하얀 드레스를, 남학생들은 정장을 입고 순결 서약식을 진지하게 할 수 있도록 한다. 반지는 은반지나 금반지를 준비하고 반지 안에 "true love waits"라고 새겨서 줄 것을 권장한다. 부모로서 자녀를 순결하게 키울 것을 서약하고 자녀들을 위해 기도하며 축복하는 이 시간은 학생들에게 가장 잊지 못할 시간이 될 것이다.
풍선이나 리본, 꽃 등을 이용하여 서약식 장소를 결혼식 파티 분위기를 내면 더 효과적이다.

순결 서약식은 그동안 배운 내용을 토대로 예수님의 신부로서 영적 순결을 지키고자 하나님과 서약하는 시간이다. 또한 미래의 배우자를 위해 정신적, 육체적 순결을 지키기로 하나님과 부모, 그리고 친구들 앞에서 서약하는 시간이기도 하다.

부모는 자녀가 본인의 아들딸이기 전에 하나님의 자녀임을 인정하고, 하나님이 자녀를 주신 목적에 맞게 키우도록 최선을 다할 것을 서약하는 시간이다. 먼저 부모로서 신앙의 본이 되어 항상 하나님의 말씀을 묵상하고, 말씀대로 순종하며 살도록 가르치며, 세상과 타협하지 않고 하나님을 기쁘시게 하는 삶이 무엇인지 분별할 수 있도록 훈련할 것을 약속하는 시간이다. 무엇보다 부모는 자신이 나약한 존재임을 인정하고, 이 모든 것을 부모의 힘이 아닌 하나님이 주시는 지혜와 믿음으로만 할 수 있다고 고백해야 한다.

서약식에 참여하는 학생들은 순결한 삶을 살도록 가족과 친구들에게 지혜와 충고를 구해야 한다. 그리고 사람은 죄인이기 때문에 항상 전신갑주로 무장하여 유혹에 넘어지지 않도록 하나님께 간구하는 삶을 살 것을 약속해야 한다. 손에 끼워진 순결 반지를 볼 때마다 최고와 최선의 선물을 준비하신 하나님께 감사하며 영적, 정신적, 육체적 순결을 지키기로 결심하라. 순결한 삶을 통해 거룩한 하나님의 백성으로 영향력 있는 삶을 살아가는 하나님의 아들, 딸이 될 것을 서약하는 시간이 되길 바란다.

준비물

부모에게 쓴 편지(제2과에서 쓴 편지), 순결 반지, 성교육 수료증,

순결 서약에 필요한 서약서(부모 서약서, 학생 서약서)

프로그램

프로그램 순서		소요시간 2시간	설명
전체 그룹	학생 입장	10분	
	기도	5분	
	식사	40분	식사가 끝나갈 때쯤 4주 동안 배운 사진 슬라이드를 보여 준다.
	설교	10분	
	간증	10분	학생들 중에 2~3명 선정
	부모에게 쓴 편지 읽기	5분	자녀가 부모에게 읽어 주기
	수료증과 반지 수여	20분	반지는 학생과 부모의 순결 서약이 끝난 후 부모가 자녀에게 끼워 준다.
	학생 순결 서약	10분	
	부모 순결 서약	10분	
	자녀를 위한 부모님의 기도	10분	자녀에게 반지를 끼워 준 후 부모는 자녀를 위해 기도하는 시간을 갖는다.
	대표 기도(인도자)	3분	
	축도(담임 목사님/ 교육부 목사님		

학부모 인터뷰 질문지

학생 이름: _____ 학년: _____

다음 문제들에 자세히 답변해 주십시오.

1. 성경적 성교육(PURITY) 수업을 신청하신 이유는 무엇입니까?

2. 부모님과 자녀가 성에 대해 이야기한 적이 있습니까? 자녀가 성에 대해 어느 정도 알고 있다고 생각하십니까?

3. 아이들 성교육 전문서적을 찾아본 적이 있습니까? 만약 찾았다면 어떤 서적이었습니까?

4. 가정에서 정해 놓은 컴퓨터와 휴대폰 사용에 대한 규제가 있습니까?

5. 자녀를 위한 인터넷 안전장치가 있습니까?

6. 자녀가 포르노(Pornography)를 접한 경험이 있습니까? 있다면 어떤 경로를 통해 접했습니까? 예) 미디어, 친구 등

7. 성교육 프로그램 이후에도 자녀를 위해 계속 기도와 관심을 갖기로 약속할 수 있습니까? 어떤 구체적인 계획을 가지고 있는지 설명해 주시기 바랍니다.

날짜 _____

이름 _____ 사인 _____

• 부모가 직접 설문지를 작성하도록 하라. 프로그램을 시작하기 전에 한 가정씩 부모 인터뷰를 하면서 부모가 자녀들의 성교육에 대해 얼마나 알고 있으며 관심이 있는지 알아보는 시간이다. 또한 이 프로그램이 교회에서만 책임지고 진행하는 것이 아니라 부모와 같이 협력하여 만들어 가는 것임을 알려 주라. 그리고 인터뷰를 통해 그 가정의 가치관과 신앙관도 파악할 수 있다.

• 부모의 인터뷰는 프로그램 시작 전에 꼭 마쳐야 한다. 인터뷰를 통해 자녀의 성교육에 대해 얼마나 관심이 있는지를 알 수 있다. 부모에게 성교육 과정 중과 그 후에도 많은 도움이 필요함을 알려 주라. 자녀 성교육의 가장 좋은 선생님은 부모임을 알려 주라.

• 부모 중에 자녀가 어릴 적에 성교육을 받는 것이 오히려 더 좋지 않은 영향을 줄까 봐 걱정하는 분이 있다. 우리 자녀에게는 두 가지 선택의 길이 있다. 세상에서 주는 잘못된 성교육을 먼저 받는 것, 아니면 성경적 성교육으로 하나님이 창조하신 질서와 가정의 목적을 먼저 배워서 잘못된 성교육 정보들을 분별해 내는 것이다. 두 가지 중 어떤 것을 선택할 것인가? 무엇보다 누가 먼저 자녀들의 마음을 장악하는지가 관건이다. 현명한 부모라면 자녀가 성경적 성교육을 통해 무엇이 옳으며 하나님을 기쁘시게 하는 일인지 분별할 수 있도록 훈련받는 것을 선택할 것이다.

학생 인터뷰 질문지

학생 이름: _____학년: _____

다음 문제들에 자세히 답변해 주십시오.

1. 성경적 성교육(PURITY) 수업에서 배우고 싶은 것은 무엇입니까?

2. 사람은 동물에서 진화되었다고 생각하나요? 진화에 대해 어떻게 생각하나요?

3. 사람과 동물의 차이점은 무엇인가요?

4. 연애를 시작하기에 적절한 나이가 몇 살이라고 생각하나요?

5. 결혼에 대해 어떻게 생각하나요? 긍정적인가요 부정적인가요?

6. 생명은 언제 시작된다고 생각하나요?

7. 임신에 대해 어떻게 생각하나요? 만약 결혼을 한다면, 몇 명의 아이를 낳고 싶나요?

8. 동성애가 죄라고 생각하나요?

9. 학교나 다른 곳에서 성 정체성에 대해 배운 적이 있습니까?

10. 성 정체성에 대해 어떻게 생각합니까? 기독교인으로서 동성애자 친구들과 어떻게 지내야 합니까?

학부모 오리엔테이션

　학부모 오리엔테이션은 성교육 시작 전주에 부모들을 따로 모아 한 시간 정도 진행하는 것이 좋다. 이 시간에 부모가 준비해야 할 준비물과 협조해야 할 것들을 알린다.

　부모가 해야 할 중요한 숙제 중 하나는 매주 부모와 자녀가 영화를 한 편 보고, 영화에서 배우거나 느낀 점을 함께 나누는 시간을 갖는 것이다. 온라인이든 DVD든 부모가 미리 구입하여 각자 집에서 가족이 함께 영화를 본 후 서로 토론을 한다. 영화를 보고 토론하는 목적은 성교육이 끝나고 나서도 부모와 소통을 위한 대화의 길을 열고, 자연스럽게 성교육이 이어지게 하기 위함이다.

　　첫째 주 영화: 〈용기와 구원〉(*Courageous*)
　　둘째 주 영화: 〈사랑의 도전〉(*Fireproof*)
　　셋째 주 영화: 〈믿음의 승부〉(*Facing the Giants*)
　　넷째 주 영화: 〈신은 죽지 않았다(2014)〉(*God's not dead 1*)

　　영화 시청 후 질문지

1. 시청한 영화 제목은 무엇인가요?

2. 누구와 함께 시청했나요?

3. 영화를 본 후 부모님과 어떤 대화를 나누었나요?

4. 이야기를 통해 무엇을 배웠나요? 현재 나에게 적용할 수 있는 부분은 무엇인가요?

5. 이야기를 통해 미래의 나(10~15년 후)에게 적용할 수 있는 부분은 무엇인가요?

부모 준비물

학부모 오리엔테이션

첫째 주

• 자녀들 선물을 준비해서 자녀 모르게 선생님께 제출하기

 - 남학생 부모는 선물 봉투에 데오드란트(겨드랑이 냄새 탈취제), 면도용 크림, 면도기, 줄넘기 그리고 아들에게 쓴 사랑의 편지를 준비한다.

 - 여학생 부모는 선물 봉투에 생리대 가방(여행용 파우치 사용 가능), 생리대 3개, 속옷(팬티), 물티슈 그리고 딸에게 쓴 사랑의 편지를 준비한다.

• 자녀를 임신했을 때 찍은 초음파 사진(여러 장)

 - 자녀의 이름과 몇 주차 사진인지 메모를 해 자녀를 맡은 선생님에게 자녀 몰래 제출한다.

• 자녀의 순결 반지 제작을 위해 손가락 사이즈를 재서 선생님에게 알려 준다 (프로그램 시작 전 학생 인터뷰 때).

• 영화 보기: <용기와 구원>(Courageous)

둘째 주

• 과일 준비. 자녀가 태어났을 때 무게와 비슷한 큰 과일(수박이나 허니듀 혹은 호박)과 500ml 물병 4개를 가방(배낭)에 넣어 자녀 편에 보낸다.

• 사랑의 언어 테스트를 하고 가족이 서로 나눈다(셋째 주 준비).

- 부모의 사랑의 언어 테스트 & 자녀의 사랑의 언어 테스트하기
- 영화 보기: <파이어프루프-사랑의 도전>(*Fireproof*)

셋째 주

- (옵션) 만약 세족식을 한다면 수건과 양말, 비누를 준비하게 한다. 대야는 교회에서 준비할 수 있다.
- 영화 보기: <믿음의 승부>(*Facing the Giants*)

넷째 주

- 영화 보기: <신은 죽지 않았다 (2014) >(*God's not dead 1*)

다섯째 주 : 순결 서약식

- 여학생: 흰색 드레스 차림
- 남학생: 세미 정장 차림(검정 바지에 흰색 셔츠, 그리고 넥타이 착용. 어두운 색의 신발).

순결 서약식

학생 서약서

나는 하나님, 가족, 친구, 영적 리더들 앞에서 하나님이 명령하신 것처럼 순결한 삶을 살 것을 약속합니다.

나는 하나님의 뜻을 위해 하나님의 형상으로 창조되었으며, 순결을 지킴으로써 하나님께 순종하는 삶을 살며 하나님을 기쁘시게 하기 위해 최선을 다할 것입니다.

지금 이 시간 하나님께 드리는 약속을 지키기 위해 나는 가족과 친구들에게 지혜와 충고를 구할 것입니다.

이 반지는 하나님이 내게 주신 최고의 선물을 기다리는 나의 결심의 상징입니다.
나는 이 반지를 믿음으로 끼고 하나님께 영광을 돌리는 삶을 살 것입니다.

나의 마지막 호흡을 쉬고 하나님 앞에 섰을 때 나의 순결한 삶을 통해 하나님의 이름을 높이고 영향력 있는 기독교인의 삶을 통해 칭찬받을 날을 기억하며 말씀과 기도로 무장하고 거룩한 삶을 살도록 노력할 것입니다.

날짜_____

이름_____ 사인 _____

순결 서약식
부모 서약서

지금 이 시간 (자녀 이름)는(은) 우리 자녀이기 전에 하나님의 자녀임을 인정하고 하나님께서 (자녀 이름)를(을) 주신 목적에 맞게 키우도록 최선을 다할 것을 서약합니다.

먼저 부모로서 신앙의 본이 되어 항상 하나님의 말씀을 묵상하고 말씀대로 순종하며 살도록 가르칠 것이며, 세상과 타협하지 않고 하나님을 기쁘시게 하는 삶이 무엇인지 분별할 수 있도록 훈련할 것을 약속합니다.

부모의 힘으로는 이 모든 것을 할 수 없는 약한 존재임을 알기에 기도로 항상 하나님께 지혜와 힘을 달라고 간구할 것입니다. 이 반지는 (자녀 이름)가(이) 하나님 앞에서 몸과 마음을 순결히 지킬 것을 약속하는 표시로 주는 약속의 반지입니다. (자녀 이름)를(을) 하나님께 맡길 것을 서약합니다.

날짜_____

이름_____ 사인 _____

성교육 수료증

위 학생은 _____년 __월 __일 하나님과 가족 그리고 친구
들과 영적 리더들 앞에서 하나님을 경외하며 세상과 구별된
거룩한 삶을 살도록 명령하신 하나님의 말씀을 기억하고 하
나님 앞에서 순결한 삶을 살기로 서약하기에 이 증서를 수여
합니다.

날짜 _____

담임목사님 서명 _____

교회
로고

Scan this QR code to explore our library of videos. Enhance your program
by previewing our collection of resources to enrich your experience and
prepare you for an extraordinary session ahead.

Please inquire via email <info@protectnextgeneration.org>
for PurityTeacher/Leader Trainings, Conferences, or Parent Seminars.

Purity
Teacher Guide
Biblical Sex Education
for Children in Grades 3-6

A 5-Week Guide

3

Prologue

In our modern society, the development of transportation and information communication technology has made our lives convenient. However, politics, culture, and education have become corrupt and the world has become secularized. Satan has succeeded in tempting people to relentlessly pursue money, sex, fame, and success. He also succeeded in preventing us from engaging in our spiritual life. In pursuit of this mission, Satan influences the next generation through different things such as webtoons, explicit content in popular music, pornography, homosexuality, and drugs, and distorts the concept of sex through promiscuous sex education.

It's been 21 years (as of 2024) since I have been doing this next-generation ministry. During those years, I have witnessed numerous young people who, after experiencing and dedicating themselves to God, hit a spiritual rock bottom and eventually left the church. Many of these young people who once were devoted to God and satisfied with Him alone, strayed away during adolescence. After talking to them, I found that more than 90% of these issues were related to matters of sexuality such as crossing boundaries in dating with girlfriends, feelings of guilt from watching explicit content, and sexual relationships with the same sex.

Martin Luther who led the religious Reformation believed that the sole purpose for which God gave sexuality was to have children. Therefore, he considered sexual relationships between a husband and wife to be permissible only for the purpose of having children. This perspective created a misconception in the early 20th century in churches that sex was impure. Due to this effect, in contemporary society, churches tend to avoid discussion about sexuality. Consequently, most churches shy away from addressing issues related to sex, and parents feel uncomfortable when their children ask about sex. Satan is taking advantage of this ignorance by attacking the next generation. The failure to address issues with sex in churches and homes has provided Satan with an easy weapon to destroy the next generation. In that sense, the key to sex education depends on who captures the hearts of our children first. If parents do not initiate sex education with their children, they will learn about sex eventually through other channels in the world. Parents must choose whether to give our children a chance to have their hearts shaped by a healthy biblical sex education so that they can push away the distorted values of the world or let our children be taken away by the promiscuous sexuality of this world.

'How can parents and the church provide biblical sex education to our next generation?' I had this concern and have been doing research on this issue for a long time. As I read numerous books on biblical sex education and values, I came to realize that biblical sex education is crucial for the next generation. I first started biblical sex education in 2012 and in 2016, I put my effort into establishing comprehensive training for the next generation through biblical sex education at Bethel Church in Irvine. Biblical sex education corrects distorted concepts of sexuality, restores the identity of children, and ultimately restores the foundation of their future families. Sex education is a return to basics rather than introducing new teachings. Since God created sex, questions about sex should always refer back to the Bible. We must remember that the reason we have to maintain purity is not just a matter of pregnancy or sexually transmitted diseases. Engaging in sex beyond the boundaries set by God is for momentary pleasure and it is taking advantage of each other and that ultimately leads to the destructive consequences of each other.

When God created man and woman, He established the boundaries of marriage for them to experience the joy of sex. God desired the intimacy of sex to be enjoyed within the lifelong satisfaction and happiness of marriage rather than providing temporary pleasure. God commands His children to be holy and pure. God wants us to live in pursuit of holiness and purity as we are His children. Satan knows right away when we, God's children, lose holiness, meaning we lose our spiritual authority. On the contrary, Satan cannot do anything but fear us when we mobilize ourselves with holiness and purity.

Now, the parents and the church must collaborate to teach our children the correct biblical principles of family and sexuality. This book is designed to help parents and the church work together to clearly distinguish the differences between men and women and what the purpose of those differences are. God gave us the blessing and a command to expand and create our own families.

I hope and pray that through this book, the next generation will firmly stand on faith, building healthy and happy families, churches, and even societies. This book is not only for the experts but is designed for any church or family that wishes to teach biblical sex education to their children. After publishing "PURITY - Biblical Sex Education" in 2019, many things have rapidly changed since then. In order to provide sex education that is more accessible to the next generation, we have divided it and published them into editions for upper elementary students and Jr. high and High school students. May this book imprint biblical values in our children's hearts and train them to become godly men and women.

Above all, it will bring the greatest reward as we conclude the final chapter of our lives as parents, when we see our children discerning between good and evil based on the Word, living a life centered on the Scripture, fearing and passionately loving God.

Jinah Yi (President of Protect Next Generation)

Introduction

Purity is a 5-week program designed to educate children on human sexuality from a biblical perspective.

In the United States of America, parents often begin teaching their children about human sexuality as early as 3 to 6 years old. However, most Korean parents are hesitant to discuss the subject due to not receiving formal training in sex education.

Our children are exposed to various perverted sex education through sources such as YouTube, the Internet, TV, comics, and movies. In public schools, our children are taught unbiblical sex education. Due to the CA AB 329 law that was passed in 2015, it is mandatory for California public schools to use textbooks that include homosexuality, transgenderism, and bisexuality when teaching K-12 students.

Children must understand that God made men and women to have their own unique purposes, and it is a command and a blessing to be married and build a family. God gave parents and the church the responsibility of teaching children the biblical values of family.

Being a mother of two children and a Director of the Children's Ministry for 21 years, I have seen many children reborn in Christ but undergo worldly hardships caused by gender confusion. Through the Vow of Virtue, I sincerely hope that the next generation will be able to prosper in the Word of God and live a full life based on the biblical happiness of family, church, and society.

I pray that the children trained in Purity will grow to become pure men and women of faith.

Understanding
Biblical Sex Education

Many parents are hesitant to discuss sexuality with their children. This is due to the fact that many of them did not receive any sex education when they were young and it makes them feel uncomfortable discussing this topic with their children. However, if parents do not provide sex education to their children, then media, friends, or some other sources will take on that role. Sex education is not about introducing something entirely new; rather, it is a return to basics.

In this sense, through five weeks of Biblical Sex Education, we believe that children will start a journey to learn the fundamental truths of the Bible, preparing them to build beautiful families. We are confident that through the five weeks of Biblical Sex Education, children will understand the four key principles of sex education.

Firstly, God gave the blessing and command to "be fruitful and multiply." The Bible explains the purpose of why God created men and women differently. God created men and women differently not to separate them, but to unite them. The Bible teaches that the essence of sexuality, as revealed in God's Word, is the oneness of the husband and wife, the preciousness of life, the beauty of a home and church, the extension of the Kingdom of God through the transmission of faith to the next generation, and the mystery of God's creation. We are designed to communicate with God and to desire relationships. Those who, through faith, experience oneness with God and oneness in marriage are considered among the happiest in the world.

Secondly, through the process of creating life, we can witness the greatness of God. The passage from Psalm 139:13-16 says: "For you formed my inward parts; you knitted me together in my mother's womb. I praise you, for I am fearfully and wonderfully made. Wonderful are your works; my soul knows it very well. My frame was not hidden from you when I was being made in secret, intricately woven in the depths of the earth. Your eyes saw my unformed substance; in your book were written, every one of them, the days that were formed for me, when as yet there was none of them."

From the moment of conception in the mother's womb, God shows special interest and care for the unborn, as revealed through the Scriptures. Failing to consider the preborn-baby as a life created by God often comes from the belief that it is part of the mother's possession inside the body, rather than recognizing it as a distinct independent person. However, life begins not at birth but at the moment of conception. Nothing is added to the preborn-baby after conception; it simply undergoes a developmental process from that moment until its birth. Therefore, while not fully developed, the preborn-baby is already a complete human being.

Thirdly, a man of faith will encounter a mature and virtuous woman. A mature wife, a wise wife, a God-fearing wife, or a husband who loves his wife, the head of the household, a sacrificial husband, and a husband who builds the family through the Word—these qualities are not developed overnight. Training is necessary to raise children into godly women and godly men. Since we are born with sin, we tend to choose evil when faced with the choice between good and evil. Satan distorts and creates a distorted view of sexuality, leading our eyes and hearts towards chaotic sexual relationships, self-satisfying sexuality, and exciting sex. Therefore, to become a godly man or a godly woman, training is essential.

Training for holiness, training of the mind, training ourselves with the Word of God, training in honesty, training of tongue, training in seeking the Kingdom of God first, training in speaking wisely, training in cultivating true inner beauty, training in humility, and training in serving God—through these forms of training, our children will become wonderful men of faith and beautiful, virtuous women, creating a beautiful family.

Lastly, for a happy marriage, dating should be approached very carefully. Dating that pleases God involves sacrificing for each other, understanding, and being considerate. Through dating, faith should mature, and individuals should strive to become better people. It involves believing that our bodies are temples of God and engaging in disciplined, pure dating.

God created marriage to give us the best. However, Satan tempts us to settle for counterfeit pleasures like pornography, making us seek momentary excitement. While God is preparing and waiting to give us real, precious, jewel-like diamonds, Satan deceives us with fake diamonds. Much of the next generation are holding onto these fake diamonds without letting go. The reason for not letting go of these fake diamonds is the doubt about whether God truly has a real diamond and if it is genuinely better. It is also because people may think that God does not know how precious and joyful this fake diamond is to them.

Through this 4-week Biblical sex education course and the purity commitment ceremony, I hope it becomes a journey to find the real diamond that God has prepared. I hope that in the future, they may establish a home of faith and live a life that glorifies God, becoming a blessed generation.

Program Age Group

3rd - 6th grades

Groups

1 teacher and 4 students

Boys and Girls

Separate program sessions for boys and girls with some joint activities.

Program Duration

4 training sessions. (1 per week) Each session is approximately 2.5 hours. Purity ceremony will take place after the sessions.

Registration Fee:

The registration fee will depend on each church.

Teacher Training

Starting two months in advance, prepare through prayer, and allocate about two hours of training time for each session (a total of 10 hours).

Two Months Before the Program

As teacher training begins, start registering students who will participate.

One Month Before the Program:

Prepare materials for the 5-week course in advance. Begin parent & student interviews (refer to Appendix 1&2).

One Week Before the Program

Conduct a parent orientation (refer to Appendix 3).

First Day of the Program (Welcome and Introduction)

On the first day, invite parents to introduce the groups of students and their teachers.

First Day of the Program (Welcome and Introduction)

On the first day, invite parents to introduce the groups of students and their teachers.

God Created Male and Female in His Image

Main Topics ◇◇◇◇◇◇◇◇

1. God created male and female in His image, and we are different from animals.

2. God created male and female separately.

3. We are designed to long for a relationship with God and with family.

Memory Verse ◇◇◇◇◇◇◇◇

"So God created mankind in his own image, in the image of God he created them; male and female he created them " Genesis 1:27

Supplies

egg cartons (1 per group), ping pong balls (12 per group), small circular stickers with numbers (12 per group), bowls (1 per group)

Program		Total Time 1hr 40min	Note
Big Group	Greetings / Introduction	10 min	Each group leader and students will introduce each other
Big Group	Memory Verse Game	20 min	Ping pong balls will be used for the MV game
Big Group	Lecture "God Created Male and Female in His Image"	20 min	Instructor/Pastor
Boy/Girl small group	Small Group Bible Study	10 min	Boys and girls will have separate discussions
Boy/Girl small group	Small Group Bible Study	10 min	Boys and girls will have separate discussions
Boy/Girl small group	Male & Female Reproductive System	20 min	Group leader will be responsible for one part
Big Group	Homework / Pray	10 min	Reminder of weekly homework

Memory Verse Game

Game Setup

1. The ping pong balls will be placed in a bowl in between the group and the egg carton.

2. The egg cartons will be placed in the front.

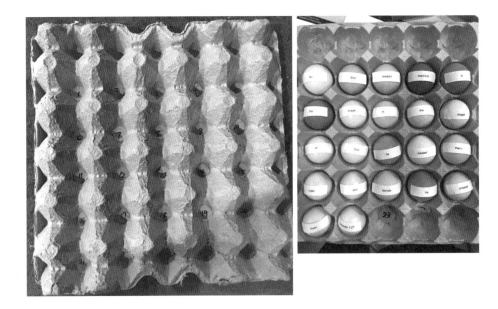

Game Instructions:

1. The students will line up in their groups.

2. The students will come out one at a time and use their hands to pick up one ball at a time and place it in the appropriate space.

3. The student will find the corresponding word to the number on the carton. (e.g., So = #1)

4. The group that first arranges the memory verse in the correct order wins the game.

1. What is the difference between sex and gender?

Sex refers to the different reproductive body parts between males and females. Nowadays, the term "gender" is commonly used, and it is closer in meaning to the concept of "gender roles." Consequently, even if someone has a male body, they can refer to themselves as "female" if they identify as "female". The term "transgender" is used mainly to refer to those who underwent gender transition surgery in the past, but now it is also used for people whose bodies are male but identify themselves as female. Similarly, if someone has a female body but lives identifying as male and takes on male roles are also referred to as transgender.

It is important to teach students that Satan is using the concept of gender roles to tempt the next generation into sin. When God created us as either female or male, He had a purpose in mind. Just as Satan tempted Eve in the Garden of Eden, he continues to ask us the same questions today.

"Why did God decide your sex? Is the gender God gave you really authentic? It might not be. You should experiment to find out if you are a man or a woman. Test yourself! Your gender is something you decide. You are the owner of your body, and only you know your true self. That is why doctors and parents should not determine whether someone is a male or female at birth based solely on their

When teaching sex education to children in schools, the underlying premise is that "we are just animals." It suggests, "Do whatever you want, do what feels right for you." On the contrary, the Bible establishes the basic premise that we are not animals, as we are created in the image of God. Therefore, the foundation of sex education is the understanding that we are beings created in the image of God, distinct from animals.

We bear the image of God, which implies a likeness to God, and from a child's perspective, it might lead to the thought, "So God must look like us." However, having the image of God does not mean that God has a physical body like ours. As stated in John 4:24, "God is spirit," so God does not possess a physical form.

reproductive organs," whispers Satan. It is crucial to teach students about the difference between sex and gender and why God created us as women and men.

2. God created us in His own image. How are we different from animals?

① We received the SPIRIT from God (Ecclesiastes 12:7). Animals only have flesh and NO spirit.

People are spiritual beings, whereas animals, such as dogs, cats, and monkeys, do not have spirits. When a person dies, their spirit goes before God for judgment and will live eternally, but when an animal dies, that is the end for them.

As stated in the passage "Then the LORD God formed the man from the dust of the ground and breathed the breath of life into his nostrils, and the man became a living being"(Genesis 2:7), God created our bodies from dust and breathed His spirit into our nostrils. That is how we have a spirit. It is worth noting that our bodies return to dust. "And the dust returns to the ground it came from, and the spirit returns to God who gave it" (Ecclesiastes 12:7). It is important to understand that we return to dust because we are created from dust. We can see that when a person dies, the body decomposes after a considerable amount of time passes and ultimately transforms into dust. Is it not amazing? We also need to reflect on the fact that we are spiritual beings. Why do we have spirits? Whether we are Christians or not, we always desire to believe in something spiritually because we are spiritual beings. The tendency of human nature to seek reliance on something, the spiritual thirst, has driven us to search for pagan gods since ancient times. There is no place where there is no religion. Whether believing in the Sun, the moon, or an animal, we try to relieve our psychological burdens by entrusting them to something because of our spiritual nature.

When we meet God, our spiritual thirst is quenched. We can lead a happy life because we are fulfilled and completely satisfied. Attending church on Sundays in a routine manner is not sufficient but rather meeting God personally is. We need to teach the students the importance of our spiritual needs.

② We can COMMUNICATE with God (Jeremiah 29:12). We can communicate with God through prayers because we are spiritual beings.

The significant difference between us and animals is that we are social beings. Therefore, we constantly desire to socialize with others. In the Garden of Eden, all the animals had their pairs, male and female, but Adam was alone. So God created Eve because He knew Adam needed fellowship.

There are two types of fellowship; one between people, and another between a person and God. We can only be completely satisfied when both types of fellowship are fulfilled. As mentioned earlier, we are spiritual beings and we can communicate with God through prayer. Animals cannot do this. Only people can communicate and have fellowship with God. We are spiritual beings and designed to have fellowship with God.

③ We have FREE WILL (Matthew 22:37). We are not robots, so we can choose to love God.

God created us as rational and logical beings. We have free will. We invent machines, create art and music, and solve mathematical problems, etc. These are evidence of how we are rational beings with free will. However, animals do not have free will, simply acting by their instinct. There is no desire to persistently create or achieve goals.

Furthermore, we have moral values because of our free will. Laws have been created to judge our sinful actions but because the laws are not perfect, they can always change. Even if someone is not a Christian, they have a sense of discerning good from evil. For example, if a non-Christian hears the news that a baby has been brutally murdered, they feel anger. People have a sense of guilt and conscience because God has given them to us.

This is also evidence that we have been created in God's image. Since Adam's original sin, he lost his holiness and was left with the near absence of righteousness, yet, a glimpse of it remains. That is precisely what our free will and conscience are.

"Jesus replied: 'Love the Lord your God with all your heart and with all your soul and with all your mind'" (Matthew 22:37). As the verse states, we need to use our free will to love God. Loving God never comes naturally. We must use our free will to deliberately seek and desire to communicate with God. This means we are capable of not loving God, cursing God, and even opposing God. The result of those actions may lead to forfeiting the privilege of being God's children. We are the only beings with free will, making us distinct from animals.

④ We are created for His PURPOSE (Psalm 57:2). We are not living meaningless lives but living with the purpose that God has given us.

God created us and gave us a purpose to live. However, animals live by their instincts and die without knowing the purpose of their existence. "I cry out to God Most High, to God who fulfills his purpose for me" (Psalm 57:2). In other words, God has a purpose for our existence and He fulfills them through us. We need to cry out to God to help us achieve the purpose He has given us.

It is pitiful to live a life for good food, accumulating wealth, owning luxury cars, attending Ivy League schools, and having a nice house. We would be no different from animals if we only lived for our desires and comfort. We cannot be satisfied through those pursuits only. We must search for our purpose given by God. Happiness comes when we live with a sense of mission for the purpose God has given us. Therefore, when we recognize the purpose given by God, we come to an understanding of why the talents, personalities, time, and environments that surround us are given to us. And we truly come to live happily when we use them for His purpose. In other words, living not just to get by in this world but realizing God's purpose and living for that purpose brings the greatest happiness. When we understand why God created us, we come to know why we were born into our family and in this country, why we study, why we need to read books, why we need to exercise for our health, why we need to read the Bible, and why we worship God at church. A person with no purpose lives without much thought. Therefore, it is important to teach students the importance of knowing their purpose.

For reference, the answer to the first question in the Westminster Shorter Catechism, "What is the chief end of man?" is "To glorify God and enjoy Him forever". This reveals to us God's purpose of creating us. Students who ponder upon how they can bring glory to God, and how to please God are truly blessed.

⑤ We are UNDERLINE beings (John 3:16). If we believe in Jesus, we will live in Heaven forever.

God has created us to be eternal beings which means we live eternally. Animals without souls die and that is the termination of their existence but we face judgment before God after death. When we believe Jesus died on the cross for us and rose again, we are saved with eternal life in heaven. It is such a blessing but a fearful thing at the same time because it is a choice between living eternally with God or in hell.

Read Genesis 1:24- 2:26 for questions

1. In verses 26-27, in whose image were we created?

God created us in His own image.

God created us in his image. It does not mean we are the same as Him but we reflect his likeness. God's intellectual abilities like inventing machines, constructing buildings, and creating music show God's intellectual capabilities. When Adam and Eve were created in pureness and righteousness, they reflected God's holiness. After sin came into the world, God's image has been damaged but our sense of conscience and moral values are the remnants of God's holiness. We still carry God's image but it has been damaged because of our sin.

2. From verses 28-29, what did God command us to do?

"Be fruitful and multiply and fill the earth."

3. What is the meaning of the command to "be fruitful and multiply and fill the earth"

God commanded us to create our own families that He will bless.

God wants us to please Him by having many children and creating beautiful families. He wants us to pass down a life of worshiping and glorifying Him through many generations and enjoy all His creation.

Q&A

Why did God create us as male and female?

God is perfect, as He has both masculine traits as well as feminine traits. God possesses two contrasting characteristics in harmony, such as righteousness and mercy, strength and beauty, and nurturing and protection. Likewise, God is a perfect being who possesses both masculinity and femininity simultaneously.
When God created the world, He did not give His everything to one single entity called humans. God did not create humans to be perfect and just like Him because we are creatures, not the creator. God divided His completeness among His created beings, man and woman. Thus, when a man and a woman, each possessing God's masculinity and femininity, come together as one, just like when God's created beings, Adam and Eve, came together in unity, their union represents God's perfection.

4. Who designed marriage? (Gen. 2:18, 24)

GOD.

Marriage is not a system created by the government but God instituted marriage from the very beginning. He established a family even before the church, and a family is the smallest unit of the church. When a family is founded upon a solid rock, a healthy church can exist and so can a healthy society.

5. What did God say after He created male and female? (verse 31)

HE SAID, "It was very good."

God said this after making a perfect world for people to live in and making Adam and Eve. God was very pleased to think how Adam and Eve would enjoy being happy living in the world that God created for them. Their existence was to receive overflowing love from God and God would be delighted to see Adam and Eve express their love back to Him.

6. What are three reasons why God made us differently as male and female? God made males and females with separate reproductive systems. What do you think was His purpose?

Read the following Bible verses, and find the three reasons for sex:

① "Procreation" (Genesis 1:28)

Be fruitful and increase in number.

Genesis 1:28 says, "Be fruitful and multiply." This is a command from God. 'Be fruitful' means to bear fruit, and 'multiply' means to increase gradually. God commanded us to multiply in numbers and create our own families that He will bless. God made men and women so that they may continue to bear children who have the image of God and increase in numbers.

② "Unity" (Genesis 2:24-25)

Unity means that men and women become one spiritually, physically, and mentally. God created humans to have a natural desire for relationships with each other. He designed males to be strongly attracted to females and females to males. Marriage is the only context that God gave us to fulfill that desire. Genesis 2:24 states, "Therefore a man shall leave his father and his mother and hold fast to his wife, and they shall become one flesh." A husband and wife experience intimate unity and this unity helps understand being in unity with God.

Another reason for being united in oneness is to understand the union between Jesus, the groom, and us, the bride. We come to understand through experiencing how much Jesus loves the church, and wants to be one with us. The phrase 'I in you, and you in me' reflects the analogy of the vine and its branches. Just like that analogy, we can experience true joy when we unite in oneness with Jesus intimately just like how we unite in oneness as a husband and wife.

③ "Recreation" (Proverbs 5:18-19)

Marriage life is fun. The process of having a baby is fun and enjoyable. The passage above talks about a husband being satisfied by the body of his wife. God has provided many ways for a husband and a wife to live in unity. Through living in one household, men and women are able to communicate and express their love towards each other in different ways. The natural attraction God designed in the hearts of males and females can be fulfilled by marriage.

Discussion

1. God created man and woman and commanded them to be fruitful and multiply. With sin entering the world, we started to think negatively about marriage and having children. Let us discuss why some people think negatively about marriage and having children.

Discuss with each other.

Families are under attack today like never before. Seven out of ten young Koreans in their 20s perceive marriage negatively.[11] Our family values and perspectives on life have been destroyed due to all the negative experiences within families and secular humanism.

Advertisements have appeared in Vancouver, Canada, sponsored by the group One Planet, One Child, well known for its anti-Christian stance. It says "What is the best gift you can give to your first child?" and the answer is "Not having another child." It promotes having no children. This world is trying to undermine the dignity of life through abortion and we need to see its hidden intention.[12]

2. As Christians, how should we perceive marriage and pregnancy?

Let us discuss.

From the beginning, God planned to bless a man and a woman to trust and unite spiritually, mentally, and physically through marriage. Through marriage, a man and a woman share a relationship in which no one can part. God loved us so much that he gave us the best gift, which is marriage. He desires that we live a life of gratitude, cherishing and enjoying this gift. He called our children "a heritage from the Lord, the fruit of the womb and reward." (Psalm 127:3) Children are a precious blessing from God. He wants us to multiply, live joyfully, glorify Him, and become a blessing to all nations.

Let us learn about the reproductive systems of males and females.

NOTE)
Girls learn about female reproductive organs, while boys learn about male reproductive organs. The instructions are divided into a boys' group and a girls' group for the learning process.

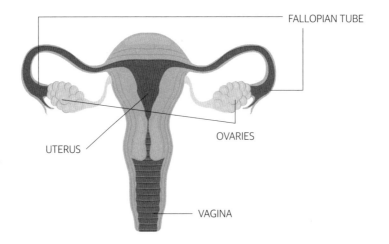

FEMALE REPRODUCTIVE SYSTEM

OVARIES	Organs that contain eggs (or ova) / a baby girl is born with a full set of egg cells
FALLOPIAN TUBE	Two long narrow tubes along which eggs travel from the ovaries to the uterus
UTERUS	Hollow muscular organ where babies develop during pregnancy
VAGINA	Elastic muscular tube extending from the uterus for the passage of babies

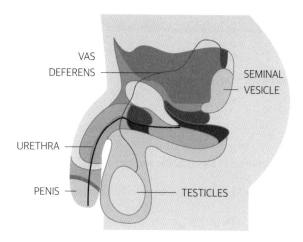

VAS
DEFERENS

SEMINAL
VESICLE

URETHRA

PENIS

TESTICLES

MALE REPRODUCTIVE SYSTEM

VAS DEFERENS	Duct that conveys sperm from the testicles to the urethra
URETHRA	Tube that carries urine and semen, a mixture of seminal fluid and sperm
SEMINAL VESICLE	Gland that provides energy and nutrition to enable the sperm to travel through the urethra
TESTICLES	Glands that produce the male sex hormone, testosterone, starting from puberty
PENIS	External muscular organ that is a passage for urine and semen

Teaching Point

God created our bodies. When God made Adam and Eve, he said "It was very good" — that includes the reproductive system too! I hope all teachers will teach about this amazing providence of God in regards to the reproductive system because it's what prepares us for bringing a new life into existence.

1. What is one new thing you learned about your own body?

   Answers may vary.

2. What does it mean to be created in the image of God?

   We were made pure and good, mirroring God's holiness, but sin has since dulled that reflection, though we retain traces of God's image.

3. What are the differences between humans and animals?

   Humans received the breath of God (spirit).

   God used His hands to create humans.

   Humans can communicate with God.

   Humans have FREE WILL and creative THOUGHTS.

   Humans are created for His PURPOSE.

   Humans are eternal beings.

4. What are three reasons why God made us differently as male and female?

   Procreation / Unity / Recreation

5. Remember to watch the movie *Courageous* with your family. Then write your response on the given review sheet and turn it in NEXT WEEK.

We Are
Wonderfully Made

Main Topics ◇◇◇◇◇◇◇

1. God made us wonderful by giving a spirit.

2. God made us so that we can communicate with Him.

3. God planned our future when each of us was a single cell in the womb.

Memory Verse ◇◇◇◇◇◇◇

"I praise you because I am fearfully and wonderfully made; your works

are wonderful, I know that full well " Psalm 139:14

Supplies

clothespins, hanger (1 per group), fish sauce (1), small paper cup for fish

sauce (1 per group),

To show the development of a pre-born baby: poppy seeds, kidney

beans, carrots, cauliflowers, coconuts, honeydew melons, pumpkins/
watermelons

Pre-born baby
model

One pre-born baby model (12-week unborn baby) per student: you can

purchase it from QR code.

Schedule

Program		Total Time 2 hr	Note
Small Group	Lesson One Review	10 min	Check homework
Big Group	Memory Verse Game	20 min	Clothespin game
Big Group	Movie Time	10 min	Search Youtube, "Stages of Fetal Development"
Big Group	Lecture "We Are Wonderfully Made"	20 min	Instructor / Pastor
Small Group	Small Group Talk	10 min	Group leader
Small Group /	"Think Deeper" Debate	15 min	Group leader or two leaders
Big Group	Experience Pregnancy "Thank you, Mom!"	15 min	Fish sauce, watermelon, and water bottles in backpack
Big Group	Letter to Parent	10 min	Stationery for each student Soft music
Small Group	Homework/Pray	10 min	Reminder of weekly homework

God made males and females with separate reproductive systems. What do you think was His purpose? What are three reasons why God made us differently as male and female?

Game Setup

1. The clothespins will be placed in a bowl in between the group and hanger.

2. A word from the memory verse will be written on each clothespin.

3. A group leader will hold the hanger in front of the group.

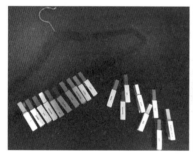 

Game Instructions

1. The students will line up in their groups.

2. The students will come out one at a time and use their hands to pick up one clothespin at a time and place it in the appropriate space.

3. The student will place the clothespins in the correct order to recreate

the memory verse.

4. The group that first arranges the memory verse in the correct order

wins the game.

Ask students, 'When does life begin? When does human life start?' Most children will likely answer that life begins when a baby is born. However, the Bible states that life begins at the moment of conception. We need to correct the children's perception.

Movie Time: Amazing Fetal Development

Please choose one.

Search YouTube for "Stages of Fetal Development", or

you can purchase the full version so that the students can watch it

separately.

DVD: The Biology of Prenatal Development - ASIN: B0015DK43Y (50 min) –

This DVD can also be watched as a homework assignment.

Lecture "We Are Wonderfully Made"

Supplies

To show the development of a pre-born baby: poppy seeds, kidney

beans, carrots, cauliflowers, coconuts, honeydew melons, pumpkins/

watermelons, One pre-born baby model (12-week unborn baby) per student

Preborn-baby development by week

God said He knew Jeremiah even before he was formed in the womb

(Jeremiah 1:5). He set him apart to be a prophet to the nations before he

came forth from the womb. This means God knew Jeremiah even before his birth. Then how precious does God think of a pre-born baby? John the Baptist, prophesied by the prophet Malachi 400 years before his birth, is another example. God has profound interest and concern for each and every one of us.

4th week: The pre-born baby is as small as a poppy seed. At this stage, it is divided into two layers and it is barely visible. However, the development of internal organs and the determination of which parts will become skeletons are underway.

5th week: It becomes the size of a sesame seed. At this point, it is divided into three layers. For instance, one layer includes the liver, bladder, pancreas, and lungs; another layer includes muscles, the heart, kidneys, lymph, and blood. The last layer includes a head, skin, nails, eyes, nose, ears, brain, and more. It is still very tiny but it has all the necessary information and is getting ready to form and develop. An umbilical cord begins to form.

8th week: The pre-born baby becomes the size of a kidney bean. Let the students touch the kidney beans. This week, the pre-born baby starts to develop eyelids and a respiratory system. The hands grow longer to get closer to the heart and the knees start to develop. If the baby is a boy, his penis will begin to form at around the 9th week.

14th week: The pre-born baby becomes the size of a lemon. Let the students touch the lemons. During this stage, fingerprints

NOTE)
If the child's ultrasound photos, prenatal videos, and/or a prenatal journal of the child are prepared along with a loving note from the parents, the 'Fetal Development Process' can be made even more meaningful.

start to develop. If the pre-born baby is female, the ovaries with eggs start to form. About 2 million eggs get ovulated during a woman's lifetime. The size of the pre-born baby's head is about one-third of its body.

21st week: The pre-born baby becomes the size of a carrot. Around the 20th week, the pre-born baby starts to listen, so the pre-born baby can hear when a mom reads books or the Bible and prays. This is around the time that the eyebrows start to form.

27th week: The pre-born baby becomes the size of a cauliflower. Around this time, the head begins to grow and the pre-born baby starts to breathe through its mouth. It is not actually breathing yet. The pre-born baby breathes through the umbilical cord but it is practicing breathing through the mouth to prepare its lungs. So after birth, the pre-born baby is ready to breathe outside the mother's womb. Around this stage, the pre-born baby is sensitive to sounds, reacting by kicking and moving. Luke 1:41-43 says when Mary, the mother of Jesus, visited Elizabeth, the mother of John the Baptist, John leaped for joy in Elizabeth's womb upon hearing Mary's greeting. We can see that babies experience

1st month   2nd months   3rd months   4th months   5th months

emotions, such as joy, and have a sense of his/her will. By the 27th week, the pre-born baby has a routine schedule of sleeping at night and waking up in the morning.

31st week: The pre-born baby becomes the size of a coconut. The pre-born baby can turn his/her head, arms, and legs. Around this time, the pre-born baby has a lot of movements.

35th week: The pre-born baby becomes the size of a honeydew melon. Most basic physical development is now almost complete.

40th week: It becomes the size of a watermelon. The baby's head is covered with hair and the head is positioned downward in preparation for birth. If the baby's head does not position downward, it can pose a significant risk during childbirth. It is a remarkable and wondrous event that the baby knows the birth is coming soon and it changes its body position.

Small Group Talk ◇◇◇◇◇◇

1. What is something new that you learned regarding preborn-baby development?

 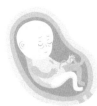  

| 6th months | 7th months | 8th months | 9th months |

When God created us, he made us very mysterious. Just by looking at the process of a baby's creation, you can see how amazingly He made every part of our body.

2. Do you remember the part of the mother's body in which a preborn-baby develops?

Uterus

3. How many weeks does the baby need to be in the mother's womb to be fully developed?

39-40 weeks(280 days)

4. How does a baby receive all of his / her food while growing in the womb?

The umbilical cord plays a crucial role in supplying oxygen and nutrients from the placenta to the preborn-baby and releasing carbon dioxide and waste products from the preborn-baby. Additionally, antibodies produced in the mother's body are transmitted to the preborn-baby through the umbilical cord, enhancing the immune system. Since the umbilical cord does not have nerves, cutting it during birth does not cause pain for both the mother and the preborn-baby.

5. How does the baby exit the womb?

Through the vagina

"Think Deeper" Debate

1. Do you think a baby in the womb has a spirit?

Yes

"For you created my inmost being; you knit me together in my

mother's womb." (Psalm 139:13)

"Before I formed you in the womb I knew you, before you were

born I set you apart; I appointed you as a prophet to the nations."

(Jeremiah 1:5)

2 If a 3-week-old baby dies in the mother's womb, would the baby

go to heaven or hell?

Option #1 The baby goes to hell because he / she did not repent his / her

sins and did not accept Jesus as his / her Savior. (Acts 4:12, 16:30-31, John

14:6)

Option #2 Babies in the womb cannot act or make decisions. They do not

have the choice to act. We believe that God would save those babies not

by their innocence but by His grace.

"And the little ones that you said would be taken captive, your children who do not yet know good from bad—they will enter the land. I will give it to them and they will take possession of it." (Deuteronomy 1:39)

God gave the Promised Land children who did not know God through the covenant of salvation.

"Let the little children come to me, and do not hinder them, for the kingdom of God belongs to such as these." (Mark 10:14)

King David, after having lost his infant child, said "He cannot come to me, but I can go to him." (2 Samuel 12:23)

But because of his great love for us, God, who is rich in mercy, 5 made us alive with Christ even when we were dead in transgressions—it is by grace you have been saved. (Ephesians 2:4-5)

Some students believe that if a preborn-baby dies, it goes to hell because it never had the chance to accept Jesus. Other students may believe that because the preborn-baby never sinned, it would go to heaven. Through this process, they will realize how ignorant they are of God's word. By having discussions, they will understand God's heart for the preborn-baby in the womb. There is no specific Bible verse that explicitly states that a preborn-baby goes to heaven if the preborn-baby dies. However, Jesus mentioned that unless people become like innocent children, they cannot enter the kingdom of heaven (Mark 10:14). Additionally, when David committed adultery with Bathsheba, God took their child away (2 Samuel

12:22). David wept and confessed, "I will go to him, but he will not return to me" (2 Samuel 12:23). Despite the likelihood that his son did not have the opportunity to believe in God, David clearly expresses the belief that his son is gone to be with God.

In response, you might ask, "Then because babies in the womb do not have original sin, do they go to heaven?" However, that is not true. Everyone has original sin including an unborn preborn-baby. It is believed that salvation comes not from what the preborn-baby does or does not do but through God's grace. God is fair, just, and loving. It is not likely that such a loving God would tell a preborn-baby to go to hell because it did not believe in Him. Instead, I hope and believe that God would be gracious enough to redeem the babies.

Experience Pregnancy "Thank you, Mom!"   ◇◇◇◇◇◇

1. Experience Pregnancy

Materials prepared by parents: Place a large fruit that is about the same weight as a newborn baby (ex. watermelon or honeydew melon which represents a full-term baby) and four 500ml water bottles (representing amniotic fluid) inside a backpack.

In the backpack, there will be a large fruit and four bottles arranged by your parents; the contents approximate the weight you were at birth. Carry the backpack on your front, as the fruit inside symbolizes a baby—handle it with utmost care. Your task is to safeguard this surrogate baby while engaging in the following activities: For instance, engage in praise and body worship, walk up and down the stairs, lie down on the floor and then rise, tie and untie your shoelaces, repeatedly sit down and stand up, and move a chair from one spot to another.

After the children have experienced the pregnancy simulation, the leader tells them this:

"When moms are pregnant, their bodies become heavy, and everyday life becomes challenging. However, moms don't complain, saying, 'Why is this baby so heavy? Why is it so difficult to breathe?' Instead, they become more concerned about whether their child inside the womb might be hurt or uncomfortable.

"It's not an easy task for dad and mom to go from living as a couple to becoming a family of three. Their household furniture and everything else will have to change to accommodate the new baby. Even then, the mom and dad will eagerly await the baby with joy."

"How challenging would it be to vomit every morning when you wake up? How difficult would it be to sit up and sleep at night? Imagine the dad taking care of the mom who has back pain all night and massaging her swollen legs every night. How tired would he be? Anticipating for 9-10 months (about 40 weeks) to meet their new son or daughter made them forget about all the difficulties."

2. PREGNANCY SYMPTOMS

1st month	Fatigue, frequent urination, fever
2nd month	Heartburn, indigestion, breast sensitivity
3rd month	Dizziness, stretch marks, nausea
4th month	Increase in hunger/cravings, weight gain
5th month	Bloating, constipation
6th month	Back pain, swelling of hands and feet
7th month	Cramping in feet and legs
8th month	Shortness of breath, trouble sleeping

One of the leaders, preferably one with children, comes forward to tell the symptoms of pregnancy. They pour a small cup of fish sauce (Kanari Aekjeot) and ask each child to smell it (explaining that when pregnant, opening the fridge might bring a smell similar to fish sauce). During pregnancy, many women experience symptoms like stomach discomfort, loss of appetite, and the feeling of nausea, especially when the stomach is empty. They might have enjoyed cold noodles today but could feel nauseous at the smell of cold noodles the next day. Pregnant women have different experiences.

Letter to Parents ◇◇◇◇◇◇◇

Supplies

Stationery for each student

• Leaders will have the students write a personal thank-you letter to their parents.

• Leaders will have the students reflect on how their parents cared for them during pregnancy and after their birth.

LESSON TWO HOMEWORK QUESTIONS

1. Do you remember the part of the mother's body in which a preborn-baby develops?

Uterus

2. How many weeks does the baby need to be in the mother's womb to be fully developed?

39-40 weeks(280 days)

3. How does a baby receive all his/her food while growing in the womb?

Through the umbilical cord

4. Do babies poop in the womb?

The food the babies receive from the mother is filtered, so they only get the essential nutrition they need. Therefore, they usually do not poop in the womb. Sometimes, babies do poop, but it is in a liquid form and is not harmful to the baby.

5. Do babies pee inside the womb?

The food the babies receive from the mother is filtered, so they only get the essential nutrition they need. Babies do pee, and it becomes part of the amniotic fluid which protects the baby in the womb.

6. When do babies in the womb develop fingerprints?

Fingerprints begin to form by week 13 and fully develop by week 17.

* No two people in the world have identical fingerprints. Not even twins!

7. When can a baby hear the voice of the father in the womb?

From week 19

8. Ask your mother what her most difficult pregnancy symptoms were.

Answers may vary.

9. Type "5 Love Language Test" on Google and take the test online. Find out what your own love language is and what your parents' love languages are as well (required for Lesson 3).

5 Love Language Test ▶

10. Remember to watch the movie *Fireproof* with your family. Then write your response on the given review sheet and turn it in NEXT WEEK.

Becoming
Godly Men and Women

Main Topics

1. Boys and girls will go through a process of physical development during puberty.

2. We need training to become godly men and women.

Memory Verse

Boys: "Be on your guard; stand firm in the faith; be courageous; be strong Do everything in love " 1 Corinthians 16:13-14

Girls: "Charm is deceptive, and beauty is fleeting; but a woman who fears the LORD is to be praised " Proverbs 31:30

Supplies

CD, empty CD stack (1 per group), gift from parents

"What Is in the Box?" Activity: 3 boxes with nice wrapping paper, 2 boxes with brown wrapping paper, worms (or gummy worms or spaghetti), lychee with skin (or durian with skin, sea urchin, something spiky), rotten eggs or fruit, chocolate, perfume

Schedule

Program		Total Time 2 hr	Note
Small Group	Lesson Two Review	10 min	Check homework
Big Group	Memory Verse Game	20 min	Different Bible verses for boys and girls
Boy/Girl big group	Physical Development	15 min	Group leaders are responsible for one topic each
Boy/Girl Small group	A Gift of Love	5 min	Gift from Parents
Big Group / Small group	The 5 Love Languages	20 min	Instructor / pastor
Big Group	Lecture "Becoming Godly Men and Women"	20 min	Instructor / pastor
Big Group	Activity: What Is in the Box?	20 min	One group leader will lead
Big Group	Homework / pray	10 min	Reminder of weekly homework

• The foot washing ceremony is optional, and leadership at the church makes the decision.

1. Discuss homework for Lesson 3.

2. Go back and try to memorize the verses you learned during lessons 1 and 2.

Who are godly men and women? ◇◇◇◇◇◇◇

The nature of God includes holiness, mercy, love, forgiveness, honesty, wisdom, protection, equality, faithfulness, and countless other qualities. When God, possessing perfect qualities, created man and woman, He did not give them all these attributes. Instead, He distributed masculinity and femininity to men and women, each possessing its own characteristics. When a man and a woman unite, they can experience the completeness of God; however, when sin enters, it damages the image of God in them.

Therefore, through our faith in Jesus Christ, we should gradually learn about the perfect nature of God and go through the process of sanctification. We cannot be completely transformed into perfection because of our sins, but it is crucial to teach our students that, through faith in Jesus, we need to try to resemble the characters of God.

Then what kind of a person is a godly man and a woman? To be such a person, how should you get trained? The reason for using the word 'training' here is to tell students that to become a godly man and a woman, training is necessary. You don't transform into a godly man or a woman overnight when you turn twenty years old. Even with age and a long history of attending church, you can still become a selfish, arrogant, and immature person. Therefore, training is essential.

Teach students to hope to become a man of God's character and a woman of faith. Instruct them to pray to God, asking to meet such a partner. God's children need to manage and develop the talents, time, and health given by God so that they can be used for God's purpose. If we live by our own desires, then we cannot be a godly man and a woman. Even though we are Christians, if we lived a life of our own desires, we would face God's judgment for what we did. A woman who meets an untrained man is likely to be unhappy, and likewise, a man who meets an untrained woman is also likely to be unhappy.

Memory Verse Game

Game Setup

1. CDs with the memory verse will be prepared.

2. One empty CD stack will be given to each group.

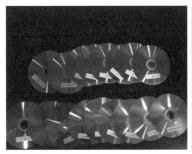

Game Instructions

1. The students will line up in their groups.

2. Each student will come and pick up one CD at a time and place it on the CD stack in order.

3. The group that first arranges the memory verse in the correct order wins the game(You can replace CDs with disposable plates of different colors).

Teaching Point

For the boys' group, it's beneficial for leaders to take on different aspects of physical changes (such as growing body hair, overall body growth, and deepening of the voice) and share with the boys. When illustrating the growth of facial hair, it would be good for a male teacher to demonstrate shaving in front of the students.

Physical Development During Puberty (Boys)

• Boys and girls will be separated to discuss their own physical developments.

• Each male group leader will choose a topic from *Physical Development During Puberty* and explain it in front of the boys.

• The surge of the male hormone called testosterone is responsible for the physical changes during puberty in boys.

• Boys typically begin puberty around the ages of 12 to 13, reaching its peak between 14 to 16 years old, and concluding by the ages of 17 to 19.

INCREASED HAIR	· Protection from irritation and friction · Protection from dirt, pollen, and bacteria · Control of body temperature
BIGGER BODY	· Broadening of shoulders · Muscle development · Increase in height · Increase in bone mass · Facial growth – chin, jaw, nose, brow · Different changes and timing per individual due to different genes Tip: Eat healthy and exercise. Wash your body regularly(shower daily).
DEEPER	· Deepening of voice

VOICE	· Cracking of voice for the first 2 to 3 years of puberty · Thicker and longer larynx Tip: Avoid straining your voice.
GENERAL CHANGES	Acne: the occurrence of inflamed or infected sebaceous glands in the skin (a.k.a. blackheads, whiteheads, cysts, pimples, zits) · Cause: hormones, carbohydrate-rich food (bread, rice, bagels, chips, chocolate, medication, stress.) Attitude: mental and emotional maturation into adulthood · Changes in the brain can cause confusion and frustration. · Negative attitude may show through psychological and social development. · Active or passive rebellious behavior may take place. · Temptation may be there to test boundaries of rules and social norms. · You may think that rebelling against your parents during this time is acceptable because you are going through puberty, but your actions cannot be justified before God. It is still considered sin, so you must use the fruit of the Holy Spirit, self-control.

Physical Development During Puberty (Girls)

- Boys and girls will be separated to discuss their own physical developments.

- Each female group leader will choose a topic from *Physical Development During Puberty* and explain it in front of the girls.

- For more information about the menstrual process, there are many resources that can help.

- The surge of the female hormone called estrogen is responsible for girls' physical changes during puberty.

- Girls generally enter puberty around the ages of 10 to 12, reaching its peak between 13 to 15, and typically completing puberty by the ages of 17 to 18.

INCREASED	· Vellus hair - fine hair (covering most of

Teaching Point

It can be helpful to show a YouTube video demonstrating the types of sanitary pads and how to use them. Let the students know that menstruation is not impure but rather a blessed sign that women are capable of bearing life.

HAIR	the body in both men and women) · Terminal hair - pubic region and armpits · Purpose: repel moisture from the body, reduce friction, control body temperature. Pubic hair protects skin from bacteria, helps skin abrasion, and is a sign of maturity.
ROUNDED BODY	· Body releases hormones and notifies ovaries to produce estrogen. · Hip bones widen, body becomes curvier, and body fat increases. · Girls are supposed to have more body fat than boys, so they should not diet. · A certain amount of body fat is needed for reproduction and menstruation.
DEVELOPED BREASTS	· Breasts develop and become larger. Breasts will become active again after pregnancy in order to produce milk. · The breast size varies by genes, so variation is normal.
MENSTRUATION	· Uterus prepares for the baby but sheds the uterine lining if there is no sperm to fertilize the egg. The uterine lining sheds in the form of very clean blood. · This process takes place every 28–35 days. · Purchase the appropriate size and thickness of pads and change them every 3-4 hours. · Period calendar apps are available. · Symptoms of PMS (pre-menstrual syndrome) include abdominal cramps, bloating, weight gain, irritability/depression.

A Gift of Love (Gift from Parents) ◇◇◇◇◇◇

In a separate setting for girls and boys, encourage students to open gifts secretly prepared by their parents. Introduce the gifts as expressions of love from someone who cares deeply for them and have everyone check their gifts together. Each group leader should instruct the students on how to use the gifts and their purposes. (Parents should prepare the gifts for their children in advance and hand them to the leaders without telling their children during the first week.)

- Girls: Inside the pouch (2 organic pads, wipes, underwear), a letter to daughter.
- Boys: Deodorant, shaving cream and shaver or electronic shaver/ Razor, Room Spray, Jump rope, a letter to son

The 5 Love Languages*

* This content is created based on Gary Chapman's *The Five Love Languages*

Communication is an important aspect when it comes to dating. If you are going on a date, you should learn and make an effort to communicate in the love language of your partner, not just your own. Loving someone means considering the other person, and showing consideration is what makes them feel they are loved by you. If you express love only in your own way, using your own love language, the other person may not feel loved. Not understanding the love language and expressing love can lead to obsession, making it more difficult for the other person. Gary Chapman divides the types of love into five categories in "The Five Love Languages": Words of Affirmation, Quality Time, Receiving Gifts, Acts of Service, and Physical Touch. If you know each other's love language and express love in each other's language, it can reduce conflicts in dating and, further, in married life. You can understand and respect the differences of the other person rather than living centered around

NOTE)
The teacher in charge of this sequence may find it more effective to first read 'The 5 Love Languages for Teenagers' by Gary Chapman, guiding the students through the lesson to help them understand their love languages.

5 Love Language Test ▶

yourself. God is love, and Jesus commands us to love God and our neighbors. He said that the world will recognize whether we are true Christians or not by seeing how we love each other.

> ※ Let's explore the five types of love languages and share our own love language. Discuss with your groups what you usually enjoy and the behaviors you appreciate. Encourage each other to share.

Before you start the love languages, have students take the profile quiz to determine what type of love language fits them the best. They can also print the quiz and take it on paper.

Search on Google: "The Love Language Quiz"

NOTE)
Love languages are not only for boyfriends and girlfriends. You can learn the love languages of your family members. Sometimes, your parents show you love in their own love language, but you may not realize it if yours is different from theirs.

What are the 5 love languages?

1. Words of Affirmation – give or receive compliments or words of encouragement

2. Quality Time – spend time together

3. Gifts – give or receive any gift

4. Acts of Service – serve or be served

5. Physical Touch – shake hands, hug, etc.

Examples of the 5 Love Languages:

1. Quality Time

- Taking a break from routine tasks to spend time with that person.

- Trying activities together, like baking bread.

- Turning off the TV and engaging in board games or meaningful conversations.
- Going on a family trip together.

2. Gift Giving

- Focusing more on the thought behind the gift rather than how expensive the gift is.
- Rather than giving lots of gifts, choosing heartfelt and meaningful gifts.

3. Acts of Service

- Cooking a meal for them.
- Creating a handmade birthday gift.
- Giving a massage, showing dedication through actions.

4. Physical Touch

- Hugging, shaking hands, giving a high-five, holding hands, and praying together.
- Emphasizing that while physical touch is a love language, crossing boundaries is not an expression of love but a violation of boundaries.

5. Words of Affirmation

- Expressing love with words such as "I love you," "Thank you," "I like you," "Well done," and "You're the best."

- Avoid interrupting during conversations.

- Writing notes of gratitude on Post-its.

Applying the Love Languages

NOTE)
It is incredibly unfortunate for a husband and wife if they don't know each other's love languages. Similarly, if parents do not know their children's love languages, the children may be very unhappy. Through this time, discovering each other's love languages between parents and children opens the path to communication, which is an integral part of healthy sex education.

1. What is my love language? Write down two.

Answers may vary. Everyone has different love languages, and no one love language is superior to the others.

2. What do you think are the top two love languages of your mother?

Answers may vary. Guess the love languages of your mother by the way she shows you love.

Many children fail to feel their parents' love deeply because their love languages are different. During this time, parents can explore how they express their love to their children using different love languages, providing an opportunity for children to understand the expressions of love from their parents.

3. What do you think are the top two love languages of your father?

Answers may vary. Guess the love languages of your father by the way she shows you love.

Many children fail to feel their parents' love deeply because their love languages are different. During this time, parents can explore how they express their love to their children using different love languages, providing an opportunity for children to understand the expressions of love from their parents.

4. Discuss how you would express your love to your parents according to their love languages.

   Answers may vary.

Likewise, children may also struggle to express their love to their parents. In many cases, they may assume that their parents understand their love. It is important for children to learn to express their love language to their parents through words and actions.

5. Discuss a time when you felt unloved by your parents because they were using their own love languages.

   Answers may vary.

Take time to discuss the possibility that children might not have felt their parents' love because the parents used their own love language.

Lecture "Becoming Godly Men and Women"

The boys and girls study together

1. Training to Become A Godly Man

1. Training for <u>Holiness</u>

NOTE)
If time allows, it would be beneficial to have a family foot-washing ceremony after learning about love languages. Having a time where parents pray for their children and children pray for their parents can be meaningful.

Teaching Point

The characteristics presented in the training of becoming a godly man and a woman are virtues that are necessary for both men and women. Let boys check the characteristics listed and assess what they may be lacking

"It is God's will that you should be <u>sanctified</u>: that you should avoid <u>sexual immorality</u>; that each of you should learn to control your own body in a way that is holy and honorable, not in passionate lust like the pagans, who do not know God; and that in this matter no one should wrong or take advantage of a brother or sister. The Lord will punish all those who commit such sins, as we told you and warned you before. For God did not call us to be impure, but to live a holy life." 1 Thessalonians 4:3-7

Training

You are called to be sons of God; therefore, should not live in <u>worldly ways</u>. Live a life that has a purpose by training for <u>holiness</u>, which makes us powerful.

◇◇◇◇ Holiness is the most powerful weapon to fight against sin. Holiness is being set apart, not falling into the sins of the world, and not putting ourselves among the sins of the world. While we cannot be free of committing sins, we can at least try. As we continue to try to correct our habit of committing recurring sins, we can draw closer to God's holiness. The training in holiness can be training to resist temptations.

Reading 1 Thessalonians 4:3-7 tells us that God has called us to be holy. When dating, it is important to examine whether the person is someone who can resist the temptation of sin and who lives a holy lifestyle. You cannot practice a holy lifestyle in seclusion away from the world. Living in the world and demonstrating its influence is what truly defines a holy lifestyle. The ability to live a holy lifestyle is refusing to compromise with the sins of the world, that is genuine holiness.

2. Training of the Mind

Bible References

> Above all else, guard your heart, for everything you do flows from it. Proverbs 4:23
>
> "Do not conform to the pattern of this world, but be transformed by the renewing of your mind. Then you will be able to test and approve what God's will is—his good, pleasing and perfect will."
> Romans 12:2

Training

What we see and hear influences our mind, language, behavior, and character. Satan understands that to control our hearts, he needs to control what we see and hear.

◇◇◇◇ We need to train to constantly examine our minds. It is not possible to understand God's will and live accordingly if our minds are filled with video games and webtoons. Satan wants our eyes and ears to be the passageways from the media to our minds so we become filled with the values of the world to be self-centered and violent. To drive out evil and impure thoughts, we need to fill our minds with good and righteous thoughts. We need to act on things that are good, pleasing, and perfect according to God's will.

3. Training Ourselves with the <u>Word of God</u>

Bible References

"How can a young person stay on the path of <u>purity</u>? By living according to <u>your word</u>. I seek you with all my heart; do not let me stray from <u>your commands</u>. I have hidden your word in my heart that I might not sin against you." Psalm 119:9-11

<u>Your word</u> is a lamp for my feet, a light on my path. Psalm 119:105

Training

The best way to live according to God's will is to engrave <u>His word</u> in our hearts. With our sinful thoughts and knowledge, we cannot understand God's will. Therefore, when His word becomes a lamp for our feet, guiding us step by step, we gain the ability to <u>overcome</u> temptation and resist sin.

◇◇◇◇ The best way to distance yourself from sin is through meditation and memorizing the Word of God. As mentioned in Psalm 119:9-11, to keep the heart and actions pure, especially when you are young and temptations are abundant, it is crucial to engrave the Word and guard your heart. It is recommended to date after you share the Word of God and have a time of prayer. When you guard your heart first while dating, you can distance yourself from sin.

4. Training to have Integrity

"Search me, O God, and know my heart! Try me and know my thoughts!" Psalm 139:23

"The Lord detests lying lips, but he delights in people who are trustworthy." Proverbs 12:22

Training

In order to confess before God, you must be truthful. As a faithful Christian, you must be trustworthy to God and others. To do so, you must train yourself to tell the truth.

◇◇◇◇ Can you trust someone who constantly lies? Let's say you have a boyfriend who exaggerates and overestimates himself. When he is faced with challenges, if he lies and avoids issues without a sincere apology, this will cause a lot of problems. Honesty comes through training. A godly man must have training in honesty.

5. Training of Tongue

Bible References

"Or take ships as an example. Although they are so large and are driven by strong winds, they are steered by a very small rudder wherever the pilot wants to go. Likewise, the tongue is a small part of the body, but it makes great boasts. Consider what a great forest is set on fire by a small spark. The tongue also is a fire, a world of evil among the parts of the body. It corrupts the whole body, sets the whole course of one's life on fire, and is itself set on fire by hell." James 3:4-6

"Out of the same mouth come praise and cursing. My brothers and sisters, this should not be." James 3:10

"Let no corrupting talk come out of your mouths, but only such as is good for building up, as fits the occasion, that it may give grace to those who hear." Ephesians 4:29

Training

A man of God should be able to control his words and use language that will please God. Through your everyday language, you can show your faith.

◇◇◇◇ Even elementary school children nowadays speak harshly without hesitation. Letting out harsh words without any guilt may indicate their hearts and minds are filled with impure thoughts and anger. You can tell what may reside in people's minds by observing what is coming out of their mouths. If someone constantly complains, curses, and speaks of hatred and jealousy, he may be possessed by sinful and evil nature. We need to lift up and bless one another through our tongues and glorify God with gratitude in all circumstances.

2. Training to Become A Godly Woman

1. Training to Seek God First

Bible References

"But seek first the kingdom of God and his righteousness, and all these things will be added to you." Matthew 6:33-34

Training

Even if you meet Prince Charming, it is impossible for him to satisfy your desires completely. Only God can fulfill the desires in your heart. God should always come _first_!

◇◇◇◇ Dating someone does not mean you won't be lonely. Similarly, if you think you will not be lonely anymore once you get married, you are wrong. When you are satisfied with God, then you understand the true meaning of happiness whether you have someone or not. If you only focus on finding a boyfriend, then you are not a godly woman whom God can use.

When we find joy in our relationship with God, we ponder upon how to please Him. A genuinely happy person is satisfied through God alone, seeks to have an intimate relationship with Him, and walks alongside Him. Therefore, a godly woman seeks God first and establishes a meaningful relationship with Him.

2. Training to Speak Wisely

Bible References

The heart of the wise makes his speech judicious and adds persuasiveness to his lips. Proverbs 16:23

"Words from the mouth of the wise are gracious, but fools are consumed by their own lips." Ecclesiastes 10:12

Training

When you are either dating or married, communication is the most important key. A couple that communicates well experiences happiness together. <u>Wise words</u> are essential for effective communication.

◇◇◇◇ If you speak wisely, your presence shines around you. If you were a man, would you want a girlfriend who criticizes you for every mistake you make? Or would you rather have a girlfriend who gracefully covers your mistakes and encourages you to become better?

Speaking without wisdom can turn your words into unnecessary remarks and even lead you to difficult situations. But words with wisdom encourage everyone's well-being.

3. Training to Show <u>True Beauty</u>

<u>Bible References</u>

"Charm is deceitful, and beauty is vain, but a woman who <u>fears</u> the LORD is to be praised." Proverbs 31:30

"Likewise, also that women should adorn themselves in respectable apparel, with modesty and self-control, not with braided hair and gold or pearls or costly attire, but with what is proper for women who profess godliness - with <u>good works</u>."

1 Timothy 2:9-10

True beauty is not determined by physical appearance but by the <u>love</u> you have <u>in your heart for God</u>.

◇◇◇◇ As mentioned in Proverbs and 1 Timothy, dressing up with beautiful clothes is not true beauty. Concentrating on how to dress up nicely, put makeup on, exercise to shape your body, and follow the latest trend is not genuine beauty. For such women, they are most proud and confident of their faces and bodies. They will be in vain as time passes. This doesn't mean to ignore our physical appearance and personal grooming entirely. True beauty lies not in the external appearance but within us.

A woman with God's characteristics and faith always exudes confidence. She does not force herself to be noticed. If you have true beauty, you concentrate more on the inner beauty rather than the outward appearance. That's what a godly woman is.

4. Training to Stay <u>Humble</u>

"<u>Humble</u> yourselves before the Lord, and he will lift you up."

James 4:10

"For all those who exalt themselves will be <u>humbled</u>, and those who humble themselves will be exalted." Luke 14:11

Be aware of those who are selfish. God uses the ones who are <u>committed to others</u>.

◇◇◇◇ If you are humble, God lifts you up, when He does, you become even more humble in turn. Therefore, God lifts up those who are humble. A man should definitely seek a humble woman. A man should be very cautious of self-centered and arrogant women. Women like these are often prone to arrogance due to their beauty, wealth, knowledge, and any other possessions they may have. They may seek to marry a successful husband, and if the husband's business or work faces challenges, they will likely treat their husbands with disrespect.

5. Training to <u>Serve</u> the LORD

__Bible References

"For am I now seeking the approval of man, or of <u>God</u>? Or am I trying to please man? If I were still trying to please man, I would not be a servant of Christ." Galatians 1:10

__Training

A person who <u>serves God wholeheartedly</u> with sincerity is truly a beautiful woman of faith.

◇◇◇◇ When serving at church, do you serve to be noticed by people or solely for God? The latter is a truly godly woman of faith. Therefore, when going on church retreats or mission trips, you can discern whether someone is serving to be noticed by people or to serve God alone. Set your mind on eternal things, serve the eternal King, and live to please Him only.

Activity: What is in the box?

1. Prepare five boxes, three sheets of pretty wrapping paper for three boxes, and two sheets of brown paper for two boxes.

2. For the three pretty boxes, put the following three different items inside:
· Worms (If not real worms, then use spaghetti or gummy worms. If real worms, then real dirt; if fake, then crushed Oreos)
· Lychee (with skin), durian (with skin), sea urchin, or spiky massage ball
· Rotten egg (you can make a fake rotten egg using green food coloring by poking a tiny hole in the egg and using a small injector to insert green food coloring into the egg)

3. For the two brown boxes, put the following two items inside:
· Chocolate
· Perfume

4. Put the disgusting items in the pretty boxes and the good ones in the plain boxes.

5. Choose one or two people from each group and tell them to come forward. Let them choose one box among the five. Explain that each box has a different item inside. The selected students will need to guess what is in the box only by touch and without looking at it. Each person takes turns touching the item and tells other kids what he / she thinks it is. After each guess, leaders should open the box and show the kids what is actually inside in order to see if the guess was right or wrong. Have the kids go back to their seats and explain what each box represents.

6. The three pretty boxes represent pretty and handsome appearances, and the two brown boxes represent normal appearances. The worms represent someone with a "gross" character. An example would be someone who watches pornography or other inappropriate content or even expresses aggressive behavior as a result of thinking of violence. The spiky item represents a mean personality. An example would be someone who is rude and self-centered. He/she wants to hurt other people by saying mean things and gossiping or lying to make people dislike each other. The rotten egg represents a lazy person. An example would be someone who has a clean outer appearance but his/her room is messy and dirty.

7. The two brown boxes represent a normal outer appearance with Jesus' character. The chocolate represents a sweet character. An example would be someone who is kind and always thinks about others first. He/she sacrifices personal time so that others can be happier. The perfume represents the fragrance of Jesus. An example would be someone who shares the gospel and shows the love of God to others.

8. Some people may have both internal and external beauty. However, the reason these boxes represent contradicting beauty inside and out is because many people deceive and get deceived by focusing only on external beauty. It is more important to see what is in a person's heart. When we choose someone to date, we need to look at his / her heart and character so that we will not be deceived by his / her appearance.

LESSON THREE HOMEWORK QUESTIONS ◇◇◇◇◇◇◇

1. When you think about changes in your body, what are you most afraid of and why?

Let's discuss.

2. . List the five steps of training to be a godly man.
   · Training for holiness (1 Thessalonians 4:3-7)
   · Training of the mind (Proverbs 4:23, Romans 12:2)

· Training ourselves with the Word of God (Psalm 119:9, Psalm 119:105)

· Training to have integrity (Psalm 139:23, Proverbs 12:22)

· Training of tongue (James 3:4-6, James 3:10, Ephesians 4:29)

3. List the five steps in training to be a godly woman

· Training to seek God first (Matthew 6:33-34)

· Training to speak Wisely (Proverbs 16:23, Ecclesiastes 10:12)

· Training to show true beauty (Proverbs 31:30, 1 Timothy 2:9-10)

· Training to stay humble (James 4:10, Luke 14:11)

· Training to serve the LORD (Galatians 1:10).

4. From those five characteristics listed above, which areas do you feel you need more training on? Please write two and explain.

◇◇◇◇ Teach the students the qualities they need to focus on improving and guide them on how to develop the characteristics they may be lacking. Ask the students what kind of personal characteristics they desire from the future spouse. It is a great way to suggest writing them down as their prayer topic. their future spouse's characteristics.

5. Remember to watch the movie, *Facing the Giants* with your family. Write your response on the given review sheet, and turn it in by NEXT WEEK.

Dating to Please God and Find True Love

Main Topics ⬦⬦⬦⬦⬦⬦

1. Christian Dating.

2. Understanding Boundaries in Dating.

3. Biblical Understanding of Purity.

Memory Verse ⬦⬦⬦⬦⬦⬦

"Don't let anyone look down on you because you are young, but set an example for the believers in speech, in conduct, in love, in faith and in purity." 1 Timothy 4:12

Supplies

Jenga (1 per group, Red tissue paper (2pieces per student), Blue tissue paper (2pieces per student), Glue stick (1 per student)

Schedule

Program		Total Time 2hr	Note
Small Group	Lesson Three Review	10 min	Check homework
Big Group	Memory Verse Game	20 min	Jenga game
Big Group	Lecture "Dating to Please God and Find True Love"	20 min	Instructor / pastor
Small Group	Boundary Activity	20 min	Group leader
Small Group	Group Discussion	10 min	Group leader
Boy/Girl Small Group	Think & Share	20 min	Group leader
Small Group	Prayer List for Your Future Spouse	20 min	Group leader
Big Group	Prayer	10 min	

Lesson Three Review

1. Discuss homework for Lesson 3.

2. Review memory verses from Lessons 1 to 3.

Game Setup

1. Get a Jenga set for each team and attach a memory verse to each piece. Shuffle Jenga sets on the floor by each group.

Teaching Point

Recite 1 Timothy 4:12. What is the meaning of "an example for the believers"?

As Christians, we must be an example spiritually and physically because we must be set apart from the world. We must be especially careful in our words, actions, and thoughts so that we can live in purity.

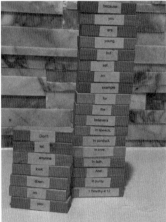

Game Instructions:

1. Students will line up in their groups.

2. Each student will come forward and pick up one Jenga piece at a time and place it on the table in order.

3. The group that first arranges the memory verse in the correct order wins the game.

Game Rules:

1. If a Jenga falls during the game, it must be set up again.

2. The method of stacking Jenga upwards or arranging them sideways is determined within each group.

Christian Dating

Men and women were created differently so being attracted to each other is natural. However, the Bible does not provide guidelines on when it is appropriate to hold hands or when to kiss during a date. God emphasizes that who we become is more important than what we do. In this context, dating should be a process of becoming a better person. If you are becoming more mature and your faith is growing stronger, then you are dating in the right way.

Dating is not just about getting to know each other casually but it is a process of observing the other person with marriage in mind. There is nothing better than having the same love and care while dating to continue after marriage, but in many cases, that is not the reality. Relying solely on the intense emotions of your partner can lead to the qualities you once admired into drawbacks in marriage. This often results in cases that eventually lead to divorce. Therefore, dating should be approached very carefully.

Intimate dating with the premise of marriage (dating within a romantic relationship) can begin when you become financially independent from your parents. This is because the purpose of dating in a romantic relationship is to prepare for a successful marriage. Are you able to support yourself without financial assistance from your parents? Can you take responsibility for your actions? Are you prepared to take care of and raise a child when married? Both emotional and financial readiness are necessary before getting involved in romantic dating with the intention of marriage.

Before making such preparations, casual dating (group dates) is sufficient. Spending time with many friends in a group gives enough opportunity to get to know the person. Casual dating involves mutual interest and liking, but it prioritizes building friendships as close friends. Instead of having exclusive one-on-one time, it involves meeting in groups to understand each other without having physical contact.

Some argue against dating in romantic relationships and suggest meeting only one person before marriage. They claim that dating has no benefits and can hurt each other emotionally. However, this perspective seems extreme. How can you meet only one person and get married? This scenario is feasible for only a small percentage of people.

Recognizing your lifetime partner at first sight can be challenging. If dating can positively influence each other, it can be a mutually beneficial experience rather than one that inflicts emotional wounds. Healthy dating involves mutual consideration, respect for each other's boundaries, learning from one another, and drawing closer to God.

Casual dating provides a great opportunity to learn about each other.

When sharing friendships with many people, church can be a great place to search for the kind of person that may suit you. Some friends may be decisive, some may be spiritual, and others may be considerate, each having their own appealing personality. By going to the movies and attending retreats with these friends, you can discover your preferences. You can discover more about your preferences, gradually narrowing down your choices.

In that sense, cultivating relationships in a friendship is desirable. It is important to observe many people and develop the ability to discern character before dating. Once you are married, it is not easily reversible. Therefore, it is crucial to understand your preferences before marriage and know the characteristics you tend to get attracted to. Then you can start praying early to meet someone with such characteristics.

When you are casually dating, it allows you to discover your own shortcomings. For example, if there is a disagreement and you tend to stop talking and completely cut off communication with the other person for days, or if the other person has such a tendency, it becomes an opportunity to learn how to address and resolve such issues. Experiencing more friendships without physical contact provides many opportunities for prayer and leads to desirable outcomes when both individuals are ready to start dating.

In romantic relationships and dating, it is important to learn self-control as to not cross boundaries and exercise self-restraint, even though you have affection. It is advisable not to meet someone from the beginning if they demand a level of physical intimacy that you are uncomfortable with just because they like you. They are likely to turn into risky dates. A healthy relationship involves respecting the boundaries mutually agreed upon and making efforts to keep them, leading to a mutually beneficial relationship.

Christian Dating Checklist

Teaching Point

How can I tell if I am genuinely in love or if it's a temporary feeling? Similarly, how can I know if the other person genuinely loves me or if it's a fleeting emotion? It is normal to have feelings for someone you meet and like, however, before having a set boyfriend/girlfriend, it is essential to be careful. Before going on a date, it is advisable to think ahead about what kind of date it will be and how to please God through that date. Planning ahead can help avoid difficult situations later on. When going on a date, follow the advice in the 'Advice on Christian Dating' list to ensure a thoughtful approach.

1. "But seek first his kingdom and his righteousness, and all these things will be given to you." (Matthew 6:33)

First, we should engage in dates that seek the kingdom of God first. When dating, the focus should be on how to glorify God, considering how our conversations can bring Him joy. In this way, the center of the date is aligned with God, and through dates that seek the kingdom of God, the faith of both people grows. Even while dating, your relationship should be centered around God, so that when you get married, your marriage can center around God as well. Even though we get married because we fall in love with each other, we are fragile beings and need to be mindful that our marriages can be at risk at any time. The relationship between two people is important as mutual efforts should be made, but it must establish a covenant relationship with God first, then we can eventually create a home of faith centered on God.

2. "Do not be yoked together with unbelievers. For what do

righteousness and wickedness have in common? Or what fellowship can light have with darkness?"(2 Corinthians 6:14)

Second, it is imperative to date a Christian. Many people think lightly of dating non-Christians as they think that they can just convert them after getting married. However, that is a prideful misconception. While clearly, God commands us to preach to evangelize to those who do not believe, it should not be done through marriage. Even if you are determined to change your husband/wife, people don't change easily; it is God who should bring about that change. While evangelism is important, dating should be done with Christians. Because we are sinners, it is crucial to remember that we are vulnerable beings who can easily be influenced, so we have to be careful when we meet or even avoid dating non-believers.

3. "Above all else, guard your heart, for everything you do flows from it." (Proverbs 4:23)

Third, we need dates that can guard our hearts. "Above all else, guard your heart, for everything you do flows from it" (Proverbs 4:23). One of the main focuses we should have while dating should be to guard our hearts. Rather than being concerned about how we look to others with our appearances, it is important to pay attention to the purity of our inner selves. Dating that leads to the development of our character and faith is associated with a pure heart. To guard our hearts during dates, it is important to avoid secluded places alone and instead, choose public places. Meeting in groups in open places can help protect the heart from trials from the beginning.

4. Dating is important because it leads to marriage.

Fourth, dating should be based on the premise of marriage, and impulsive dating is not advisable. It is risky to casually meet various people, engage in physical contact without hesitation, and choose a suitable person from among them. Dating solely because of loneliness is undesirable.

5. Seek advice from your parents because they may see things that you may not.

Fifth, seek advice from your parents. Parents can see things that you may not see. Introducing your date to your parents creates a sense of responsibility, making both of you more cautious and less likely to treat each other thoughtlessly.

6. Do the people around you bless your relationship? or worry about it?

Sixth, examine whether the people around you bless and support the relationship or express concerns. Meet the leaders in the church your girlfriend/boyfriend attends. Get to know each other's friends. Is your girlfriend/boyfriend acknowledged and blessed by the people around you, or are there concerns about the relationship? It is important to observe whether the person is recognized and blessed by those around you.

   7. Try to enjoy double dating. This will give you opportunities to see
      how the person treats others.

Seventh, enjoy group dates rather than exclusive one-on-one dates. It is important to observe how your girlfriend/boyfriend interacts with others within the group. As mentioned earlier, before getting involved romantically, it is important to just casually date first. Even in a romantic relationship, it is important to frequently meet in groups and observe how your girlfriend/boyfriend interacts with others.

   8. "It is God's will that you should be sanctified: that you should
      avoid sexual immorality; that each of you should learn to
      control your own body in a way that is holy and honorable, not
      in a passionate lust like the pagans, who do not know God." (1
      Thessalonians 4:3-5)

Eighth, talk to your date about the boundaries that must be observed during dates (1 Thessalonians 4:3-5). Always be mindful that you can part ways with this person. Maintain the relationship in a way that avoids causing heartache even if you separate. Allow the relationship to progress slowly. Remember the saying, "What quickly becomes hot, quickly cools down." Therefore, it is advisable to start physical contact such as holding hands or linking arms slowly. As the stages of dating progress, there is a natural human tendency, especially among men, to desire a deeper and faster progression.

For slower progression, it is essential to establish boundaries in advance. Personally, I believe light kisses are allowed while dating. If you have been dating for three years and kissed within the first six months, would it be sustainable to maintain the relationship with only kisses for the remaining two and a half years? Therefore, it is necessary to take things slowly. If you don't discuss how far and at what speed you can go, it is foolish because marriage can be called off at any time, even a day before the wedding day. Therefore while dating, permit only to a point where it is acceptable in the case of breaking up.

9. Have a slow progression in your relationship.

Ninth, serve together in the work of God. Serving together provides an opportunity to learn more about each other. You can date as you get involved in serving together by participating in summer Bible school or going on missions. Serving together is a great way to know many things about each other.

10. Do God's work together. Then you can know the other person better.

Tenth, true love is about respecting each other. Practice being considerate of your partner. If you do not feel respected while dating, there is a high likelihood that you may not be respected after getting married. Even in an intimate marriage, mutual respect is crucial. From the early stages of dating, just because you have become close, avoid treating your partner with disrespect even if it's harmless.

11. When you respect each other, it is real love. Practice respecting each other. If you cannot respect each other while dating, it is impossible to do so in marriage.

Eleventh, pray together each time you meet for both of you to put on the full armor of God (Ephesians 6:10-20). Praying together and asking for strength to resist temptations by putting on the full armor of God is essential during every date.

12. When dating, pray together that you wear the armor of God (Ephesians 6:10-20).

Twelfth, as you begin dating, regularly check if you are growing closer to or drifting away from God. It is important to see if your relationship with God deepens or weakens when meeting your partner. If you find that your relationship with God has cooled off, take a break from dating for a while and refocus on your relationship with God. Instead of just focusing on each other while dating, strive for a triangular relationship where both of you look to God as the center.

Supplies

Red tissue paper (2pieces per student), Blue tissue paper (2pieces per student),

Glue stick (1 per student)

The blue tissue paper symbolizes the man, and the red tissue paper

symbolizes the woman.

Activity Instructions

This activity is led by the group leader.

1. Student will put one sheet of red tissue paper and one sheet of blue

   tissue paper together. Student will notice that neither of the sheets of

   paper are damaged when separated. The blue tissue paper represents

   the man and the red tissue paper represents the woman.

2. Using new pieces of tissue students will glue the red and blue tissue

   papers together. After five minutes, they will try to separate them by

   pulling them apart. They will notice that both sheets of tissue paper

   have been damaged significantly more than the first set.

3. Leaders will explain the importance of boundaries when dating. The

   longer you are in an emotionally and physically close relationship, you

   will experience more emotional and physical damage. Therefore, if you do not want to hurt someone or be hurt, you must have boundaries in dating. We recommend that you restrict yourself to no more than a light hug and a peck while dating. Men usually cannot control themselves when kissing deeply.

(Leader's explanation: Depending on how boundaries are maintained while dating, when breaking up, it can potentially cause emotional and physical harm to each other, much like a torn piece of paper.)

Group Discussion "Make plans for a future date" ◇◇◇◇◇◇◇

1. If you go on a date, at what age would you like to start dating in a romantic relationship?

2. If you start dating, how would you set boundaries? (Be specific, such as when to hold hands, when to hug, etc.)

3. If you were in a romantic relationship but ended up breaking up, how should you maintain boundaries to be able to greet each other when you meet again in the future?

Think & Share "True Love" ◇◇◇◇◇◇◇

* The instructions are divided into small groups for the learning process. Boys and girls can be divided.

1. What does the Bible say about true love?

NOTE)
The leader needs to emphasize that purity involves guarding not only the body but also the thoughts. It is highlighted that this can only be achieved through training your free will. Additionally, it is emphasized that as bodies are redeemed by the blood of Jesus, we should avoid committing acts of immorality.

Read 1 Corinthians 13:4-7

◦◦◦◦ The Bible never says that love is symbolized by a racing heart. The Bible says that love is patient and sacrifices for others. Our kids are familiar with fake love portrayed in the media, and they think that what they see is true love. We need to teach them what true love is as stated in the Bible.

The Bible does not say that "love is the feeling of a pounding heart." Instead, it emphasizes that love endures and involves dedication to the well-being of the other person. The messages of the world often whisper to us, "If you cannot feel love that makes your heart pound, then it wasn't real love from the beginning." In response, people might think, "I must have misunderstood back then. That wasn't real love," and they may seek someone else. Subsequently, if the intense emotions of passionate love cool down after getting married, people may think they have lost true love, leading to divorce. Satan perpetuates the lie that "love is a feeling," spreading it throughout the world. Love is an act of will. True love is described as "Patient, kind, not jealous, not boastful, not proud, not rude, not selfish, not easily angered, not keeping record of wrongs, not delighting in evil but rejoicing with the truth. It always protects, always trusts, always hopes, always perseveres" (1 Corinthians 13:4-7).

2. When should I say "I love you" to my boyfriend/girlfriend?

◦◦◦◦ Remember that love is not just a feeling. Follow the checklist to see if you and your boyfriend/girlfriend can both sacrifice the way Jesus did for you. Before you start dating, think about whether you can be financially independent, be mature enough to date, abstain from temptation, and take responsibility for yourself and your boyfriend/girlfriend. Before dating as a boyfriend/girlfriend, you can do "friendship dating", which involves no physical relationship and meeting in groups.

There is a definite difference between love and liking. Uttering the words "I love you" to someone can be done when you are emotionally and financially independent, and when you can take responsibility for your actions (it's advisable to start saying it after going to college). Until high school, emotions are still influenced by adolescent hormones, making it challenging to take responsibility for the other person. During adolescence, liking someone tends to change frequently due to the hormonal characteristics of this phase. Hence, having a girlfriend/boyfriend during adolescence often leads to the likelihood of breaking up and causing heartache to each other.

Let's ask the students how many people they have liked so far. Most of them will probably say around 5 to 10, and some might even mention 30. It's perfectly normal to have feelings for someone. However, just because you like someone does not mean you have to date them. It is possible to genuinely like someone and be friends with them. During adolescence, hormonal influence can lead to the misconception that such feelings are love, but in reality, it's often a desire to become closer as friends rather than true love.

3. When do we know if we are ready to love somebody?

◇◇◇◇ As you learned from Christian Dating, you must check the list to see if you can take on the responsibility of love.

If, as learned from the "Christian Dating List," you feel confident in truly loving in every aspect, then you are ready. It is important to seek the opinions of your parents at this point and evaluate if you are financially independent, mature enough to date, capable of practicing self-discipline, and willing to take responsibility for everything happening between the two of you. After considering these factors, you can start dating. Before that, enjoy casual dating where you can just be friends.

4. Why do we need boundaries when we date?

◇◇◇◇ Dating is based on marriage. The purpose of dating is to marry the right person. Boundaries are essential when dating. When we have boundaries, we can protect each other from getting hurt while we recognize each other and learn to have self-control. Recognizing boundaries makes it easier to understand your partner's reasons for saying "no" to some activities. Remember, you can break up at any time, so you should have boundaries that will not hurt each other. Some people even break up the day before the wedding. If you read *Boundaries in Dating* by Dr. Henry Cloud and Dr. John Townsend, you can more effectively teach these ideas.

5. What do you think is the physical limit in dating?

◇◇◇◇ You can give a light hug and a peck; however, a deep kiss is the gateway to forbidden acts. Many people say that their first kiss is completely different from what the media portrays. Many women say that it was uncomfortable or embarrassing. Many men go to the next level sexually after the first kiss due to their sinful tendencies. That is why we must have a physical limit. If you can be disciplined and have self-control, then you can stay pure.

Especially since we are naturally drawn to physical desires, we must pause before reaching the inappropriate stages. It is crucial to establish boundaries up to the point of self-discipline. The goal is to have a relationship that pleases God with purity rather than getting involved in physical contact that may cause harm. Remember that there are couples who part ways even on the eve of their wedding. Marriage is confirmed when the wedding ceremony takes place.

6. What is purity?

Purity is a commitment to live within the boundaries God has set for us. ◇◇◇◇ The design created by God is such that physical, mental, and spiritual intimacy is meant to occur exclusively through marriage. The effort and dedication to live according to God's designed plan of "striving and dedicating yourself" does not happen naturally; it requires continuous effort and struggle. Therefore, the key to maintaining purity lies in exercising your free will, which needs ongoing training.

When tempted through media, the internet, or interactions with the opposite sex, you must exercise free will. If inappropriate content appears when turning on the computer, it is necessary to leave that place. This is achieved by training the free will given to us by God. Purity involves guarding not only the body but also the thoughts. The standards for purity set by God are clear and precise. We should not set our own standard for purity; instead, we must find the definition of sexual purity in the Bible. As Matthew 5:28 states, "But I tell you that anyone who looks at a woman lustfully has already committed adultery with her in his heart." Just thinking lustful thoughts in the heart is considered adultery. Due to sinful nature, the battle for purity in both thoughts and body is a lifelong struggle that requires constant effort and wrestling until death.

7. Since we know that we are purchased with the blood of Jesus, how should we treat our bodies?

◇◇◇◇ The Bible says, "Do you not know that your bodies are temples of the Holy Spirit, who is in you, whom you have received from God? You are not your own; you were bought at a price. Therefore honor God with your bodies" (1 Corinthians 6:9-20). Our bodies are described as temples of the Holy Spirit, created by God, and destined to be resurrected along with our souls when Jesus comes again. God highly values our bodies, and misusing them in immoral ways is not appropriate. We should keep our bodies pure and holy so that the Holy Spirit can dwell in them as a sacred temple.

Another reason to keep our bodies pure is that our bodies have been redeemed by the blood of Jesus. Therefore, our bodies are invaluable and cannot be exchanged for anything in the world. Since our bodies are meant to bring glory to God, we must refrain from immorality. Failing to maintain purity can lead to the consequences of sin.

Prayer List for Your Future Spouse

Prepare pretty stationery and distribute it to students, encouraging them to write prayer topics for their future spouses.

For example, "A husband who faithfully believes in God and does not compromise with the world," or "A wife with a beautiful heart caring for the needy" etc.

After writing the letters, advise them to put them up in their room and encourage them to pray daily for their future spouse. Stress the importance of praying for their future spouse and suggest they share the prayer list with their parents. Have them discuss the prayers topics their parents had when they were young. The parents can share what prayer topics have come true and express gratitude for the character traits.

LESSON FOUR HOMEWORK

1. Remember to watch the movie *God's Not Dead 1* (2014) with your family. write your response on the given review sheet.

Purity Ceremony

The purity ceremony is a time to pledge to God, based on what has been learned, to uphold spiritual purity as the bride of Jesus. It is also a commitment before God, parents, and friends to maintain both mental and physical purity for the sake of future spouses. For parents, it is a time to acknowledge that their children are God's children before being their own, vowing to raise them according to the purpose for which God has given them. It is a commitment to be a spiritual role model as parents, consistently meditating on and obeying God's word, teaching what it means to live a life that pleases God without compromising with the world, and training them to discern what aligns with God's will.

Above all, it is a time of confession, acknowledging that all of these things can only be done with the wisdom and faith. Students participating in the covenant ceremony are pledging to seek wisdom and advice from family and friends to lead a pure life. Recognizing their own weaknesses as sinners, they commit to always be armed with the full armor of God, seeking His help to resist temptations. It is a time to express gratitude to God for providing the best and perfect gift as seen in the purity ring on their hands, and to make a commitment to maintain spiritual, mental, and physical purity. It is a pledge to live a life of influence as children of God, impacting the world through a pure life.

Materials Needed

- Letter written to mom (the letter written in Lesson 2)

- Purity ring

- Certificate of completion for biblical sex education

- Parent vow and student vow

Purity Ceremony Schedule

Program Total	Time: ~2 hrs	Description
Entrance of the students	10min	Standing applause and students enter by class
Prayer	5min	Pastor
Luncheon	40min	Slide show (video or picture) of the last five weeks at the end of the meal
Message	10min	Pastor
Testimony	10min	2-3 students
Letter to mom	5min	Students read their letter to their mom (from Lesson 2)
Presentation of certificate of completion	20min	The pastor gives the certificate to the students Pastor gives the ring to the parents
Purity vow by students	10min	The leader (a student or a teacher) reads the vow and the students repeat
Purity vow by parents	10min	The pastor reads the vow and the parents repeat
Purity Ring Ceremony & Parent's prayer for their children	10min	Parents give the ring to their children After putting the ring on their finger, parents will then have a time of prayer for their child.
Closing prayer & benediction	3 min	Pastor

Note)
The Purity Ceremony is a precious time where, based on the knowledge gained over four weeks, participants make a commitment before God, parents, and friends to live a pure life. Girls are encouraged to wear a white dress, while boys should wear a suit to solemnize the ceremony. It is recommended to prepare a silver or gold ring and engrave "true love waits" inside the ring. The parents pledge to raise their children in purity, and this time of prayer and blessing for the children will be an unforgettable moment. Creating an atmosphere similar to a wedding ceremony, using balloons, ribbons, flowers, etc., can make the ceremony impactful.

Parent Interview Questionnaire

Student Name:_____ Grade:_____

Please provide detailed answers to the following questions:

1. Why did you decide to enroll your child in the Biblical sex education (PURITY) class?
2. Have you ever discussed sexuality with your child? How much do you think your child knows about sexuality?
3. Have you ever looked for educational books on sex education for your child? If so, what books have you found?
4. Are there media or phone usage rules at home?
5. Do you have internet safety measures in place for your child?
6. Has your child ever been exposed to pornography? If so, how did they come across it? (e.g., media, friends) If your child has been exposed to pornography, how did you address it?
7. Can you commit to keep praying and showing interest in your child after Biblical sex education? Do you have any specific plans in place for this purpose?

- Before launching the program, we require each family to participate in a one-on-one parent interview. This is to understand how well parents are informed about their children's sex education and their level of interest in the subject. The parents need to understand that this program is not solely the responsibility of the church, but it is a collaborative effort where parents actively contribute. Additionally, these interviews will give insight on the perspectives of family values and faith. It is essential to complete parental interviews before the commencement of the program because we need to understand the extent of parents' concerns and their interest of their child's sex education. This will establish a foundation for ongoing support. It is crucial to convey to parents that their active participation is highly recommended, both during and after the sex education program. Some parents may be concerned that providing early sex education to their children might have adverse effects.

- There are two paths for our children: receiving misinformation about sexuality from the world or first learning about the order established by God and the purpose of the family through Biblical sex education, enabling them to discern incorrect information. The choice between these two paths is crucial. Above all, determining whether the world or Biblical sex education captures the hearts of our children first is the key. Wise parents would choose to train their children to discern what is right and pleasing to God through Biblical sex education. While there may be concerns about the potential negative impacts of early sexuality education, providing guidance rooted in Biblical principles helps children form proper values and ethical standards. This ensures that they develop discernment to navigate various situations they may face in the future. This approach contributes to the child's healthy growth and creates a safe learning environment.

Student Interview Questionnaires

Student Name:_____ Grade:_____

Ring size:_____ (Measure student's ring finger size for the purity ring)

1. What do you want to learn from this Purity program?
2. Do you think we are from animals? What do you think about evolution?
3. What is the difference between humans and animals?
4. What do you think is the best age to start dating?
5. What do you think about marriage? Are your thoughts positive or negative?
6. When does life begin?
7. What do you think about pregnancy? If you get married in the future, how many kids do you want to have?
8. Is homosexuality a sin?
9. Have you learned about gender identity in school or anywhere else?
10. What do you think about gender identity? How should you get along with homosexual friends?

Parent Orientation

It is advised to conduct a parent orientation session separately, about a week before the start of the Biblical sex education program. During this one-hour session, parents will be informed about the materials they need to prepare and the collaborative efforts expected from them. One important assignment during the parental collaboration is to have a weekly family movie night. Parents need to purchase or rent a movie, watch it together with their children at home, and then engage in a discussion about what they learned from the movie. The purpose of watching and discussing movies is to foster ongoing communication between parents and children even after the sex education program ends. This aims to encourage the conversation about sex education through continued dialogue in the family.

First week movie: *Courageous*

Second week movie: *Fireproof*

Third week movie: *Facing the Giants*

Fourth week movie: *God's not dead 1(2014)*

Discussion questions after each movie

1. What is the title of the movie you watched?

2. Who did you watch the movie with?

3. After watching the movie, what conversations did you have with your parents?

4. What did you learn from the story? What aspects can you apply to your current life?

5. What aspects of the story can be applicable to your future self (10-15 years from now)?

Items prepared by parents

Parent Orientation

First Week

• Prepare gifts for the children and submit them to the teachers confidentially.

Gifts for the Children:

• Boys' parents: Prepare a gift bag with deodorant, shaving cream, a razor, a jump rope, and a love letter written to your son.

• Girls' parents: Prepare a gift bag with a pouch, three sanitary pads, underwear, wet wipes, and a love letter written to your daughter.

• Include multiple ultrasound pictures taken during your child's pregnancy.

• Family Movie Time : Watch the movie *Courageous*.

Second Week

• Fruit Preparation: Pack a backpack with a large fruit (watermelon, honeydew, or pumpkin) weighing approximately the same as your child did at birth. Include four 500ml water bottles in the backpack.

• Love Language Test and Sharing

 - Conduct a love language test for family members.

- Parents should take the love language test for themselves and
  their children.
- Share the results and discuss each family member's love
  language.
- Family Movie Time : Watch the movie *Fireproof.*

Third Week

- Optional Activity: Preparation for foot washing ceremony(prepare
  towels, socks, and soap. The basin can be provided by the church.)
- Family Movie Time : Watch the movie *Facing the Giants.*

Fourth Week

- Family Movie Time :Watch the movie *God's not dead 1(2014)*

Fifth Week

- Purity Ceremony

Girls: Dress in a white dress.

Boys: Semi-formal attire, including black pants, a white shirt, and a tie.

Purity Ceremony

Student Vow

On this day, _____ (date) of _____ (year),
I make this promise before God, family, friends,
and spiritual leaders to live a life of purity as God intended.
I know that I am created in His image for His will.
I will do my best to obey God by maintaining my purity.
I ask for prayer and guidance from my family and friends.
so that I may uphold this important promise I make tonight.
This ring is a symbol of my commitment
to wait for the best that God has for me.
I will wear this ring with faith and hope to live a life that
honors God.
May He give me the strength to live a life of purity and
bring honor and glory to Him.

Date: _____

Signature: _____

Purity Ceremony

Parental Vow

Tonight, I promise to God as a parent of my child that
I will guide my child with His word
to live a life of purity as God wants.
As a parent,
I will teach my child with His words,
and I will not stop praying and asking for help
to guide my child with love and prayer.
This ring is the promise to my child that
I will do my best to establish a family under God.
Tonight, I promise to God that as a parent,
I will be a guiding star and a faithful parent for my child.
Please, God, watch over and lead my child!

Date: _____

Signature: _____

Certificate
of
PURITY

_____ (Student Name)

is presented with this certificate
on _____(Date) of _____ (Year)
by _____ (Church)
for vowing before God, family, friends,
and spiritual leaders
to live a promised life of purity
according to God's purpose for us.

추천도서

《우리 자녀 성경적 성교육 시리즈》 개정판 10권, 규장, 다음 세대 연구소

《하나님 방식으로 자녀 키우기》, 존 맥아더, 디모데

《No!라고 말할 아는 데이트》, 헨리 클라우드, 존 타운센드, 좋은씨앗

《내 아들을 남자로 키우는 법》, 제임스 답슨, 비전과리더십

《5가지 사랑의 언어》, 게리 체프먼, 생명의 말씀사

The 5 Love Languages: The Secret to Love that Lasts, Gary Chapman, Northfield Publishing

Life on the Edge, Dr. James Dobson, Tyndale Momentum publishers

Will Thay Stand, Ken Ham

Facing the Facts the truth about sex and you, Stan and Brenna Jones

What the Bible says about Parenting, John MacArthur, Thomas Nelson

Boundaries in Dating: How Healthy Choices Grow Healthy Relationships, Henry Cloud and John Townsend, Zondervan

How You Are Changing: For Girls 9-11 - Learning About Sex, Jane Graver, Concordia Publishing

How You Are Changing: for Boys 9-11 (Learning About Sex), Jane Graver, Concordia Publishing

Sex & the New You: For Girls Ages 12-14 - Learning About Sex, Concordia Publishing, Concordia Publishing

Sex & the New You: For Boys Ages 12-14 - Learning About Sex, Concordia Publishing, Concordia Publishing

주

1) Council, C. F., & Council, C. F. (2022, January 24). Ethnic studies for elementary students? - California Family Council. California Family Council. https://www.californiafamily.org/2022/01/ethnic-studies-for-elementary-students/

2) Over Half of U.S. Teens Have Had Sexual Intercourse by Age 18, New Report Shows. (2017, June 22). Centers for Disease Control and Prevention. https://www.cdc.gov/nchs/pressroom/nchs_press_releases/2017/201706_NSFG.htm

3) Sexually Transmitted Infections (STIs) in Teens. CDC (Centers for Disease Control and Prevention). https://www.cdc.gov/hiv/group/age/incidence.html

4) Sexually Transmitted Infections (STIs) in Teens. Children's national. https://childrensnational.org/visit/conditions-and-treatments/infectious-diseases/sexually-transmitted-infections

5) Drug Use Among Youth: Facts & Statistics. National Center for Drug Abuse Statistics. https://drugabusestatistics.org/teen-drug-use/

6) After School Satan. thesatanictemple.com.
https://thesatanictemple.com/pages/after-school-satan

7) After Satan Clubs put the heat on lauds target 47 Elementary schools. LA School Report
https://laschoolreport.com/after-school-satan-clubs-put-the-heat-on-lausd-target-47- elementary-schools/

8) Summary of the Endangered Species Act | US EPA. (2023, September 6). US EPA. https://www.epa.gov/laws-regulations/summary-endangered-species-act

9) Save the Storks. (2019, February 27). Do puppy lives matter? [Video]. YouTube. https://www.youtube.com/watch?v=Oax2lu-dbz0

10) Today, A. M. U. (2019, January 30). Most Americans don't want a standing ovation for abortions until birth. But Democrats do. USA TODAY. https://www.usatoday.com/story/opinion/2019/01/30/new-york-abortion-law-liberal-leaders-celebration-death-life-column/2670049002/

11) 임정환 (2023, December 15). '결혼에 부정적' 20대 여성 이렇게나 많았나…10명 중 7명 꼴. 문화일보. https://munhwa.com/news/view.html?no=2023121501039910018009

12) Ken Ham (2020, October 6). Canadian Billboard Says "The Most Loving Gift" Is Having Just One Child. Answers In Genesis.
https://answersingenesis.org/culture/canadian-billboard-says-most-loving-gift-is-having-one-child/?utm_source=articlesmedia&utm_medium=email&utm_term=20201010&utm_content=1-banner-cta&mc_cid=5ae791e1f1&mc_eid=badc90adab